Geschichte der deutschen Lyrik 5

Von der Jahrhundertwende bis zum Ende des Zweiten Weltkriegs

Geschichte der deutschen Lyrik

Band 5

Von der Jahrhundertwende bis zum Ende des Zweiten Weltkriegs

Von Ralf Schnell

Reclam

RECLAMS UNIVERSAL-BIBLIOTHEK Nr. 18892

Gesamtherstellung: Reclam, Ditzingen. Printed in Germany 2013

ISBN 978-3-15-018892-7

www.reclam.de

Inhalt

1 Lyrik der Jahrhundertwende

Epochenbegriff und Stilphänonen 7
Friedrich Nietzsches *Dionysos*-Dithyramben 9
Der George-Kreis 13
Georges Lyrik 16
Rainer Maria Rilke 25
Hugo von Hofmannsthal 46
Max Dauthendey, Richard Dehmel, Stefan Zweig,
Christian Morgenstern 58

2 Lyrik des Expressionismus

Das expressionistische Jahrzehnt 66
Der Dadaismus 86

3 Lyrik in der Weimarer Republik

Lyrik mit ›Gebrauchswert‹ 94
Zwischen ›schöpferischer Lust‹ und ›schöpferischer
Restauration‹ 103

4 Lyrik von 1933 bis 1945

NS-Lyrik 109
Lyrik der Inneren Emigration 114
Lyrik des Widerstands 119
Lyrik des Exils 123

Bibliographie 131
Personenregister 145

1 Lyrik der Jahrhundertwende

Epochenbegriff und Stilphänomen

Ein Gedicht – so betonte der 21jährige Hugo von Hofmannsthal 1895 in seinem Vortrag *Poesie und Leben* – sei »ein gewichtloses Gewebe aus Worten«, ein Kunst-Produkt, verletzlich und autonom zugleich, das für sich bestehe und auf seinem eigenen Maß beharren müsse, denn: »Es führt von der Poesie kein directer Weg ins Leben, aus dem Leben keiner in die Poesie.«[1] Das »Material« des Gedichts bilden für Hofmannsthal Worte, die »durch ihre Anordnung, ihren Klang und ihren Inhalt, indem sie die Erinnerung an Sichtbares und die Erinnerung an Hörbares mit dem Element der Bewegung verbinden, einen genau umschriebenen, traumhaft deutlichen, flüchtigen Seelenzustand hervorrufen, den wir Stimmung nennen«.[2] Ein Gedicht ist also, folgt man dem jungen Hofmannsthal, ein höchst fragiles Gebilde – umso überraschender muss die Tatsache erscheinen, dass sich in seinem Namen um 1900 Gruppierungen und Richtungen, Stile und Epochen entwickeln konnten, die in zum Teil konfliktreichen Auseinandersetzungen miteinander konkurrierten.

Sie zeigen: Auch wenn aus dem Leben »kein directer Weg« in die Poesie führt, aus dieser keiner ins Leben, so führt doch eine Vielzahl von ›indirekten Pfaden‹ der Lyrik um 1900 zu Ambivalenzen, Zerrissenheiten und Widersprüchen und verleiht ihr jene Gleichzeitigkeit des Heterogenen und Heteronomen, das seine Einheit in der Vielfalt hat. Tatsächlich ist das Jahrzehnt ›um 1900‹ von eminen-

1 Hugo von Hofmannsthal, »Poesie und Leben (Aus einem Vortrage)«, in: *Jahrhundertwende. Manifeste und Dokumente zur deutschen Literatur 1890–1910*, hrsg. von Erich Ruprecht und Dieter Bänsch, Stuttgart 1970/81, S. 179–183, hier S. 179f.

2 Ebd., S. 179.

ter Brisanz und flirrender Nervosität erfüllt, philosophisch wie technisch und naturwissenschaftlich gesehen. Genannt seien nur die Entdeckung und Erfindung der Röntgenstrahlen und des Films, der Elektronentheorie, der Uranstrahlung, der drahtlosen Telegraphie und der Braunschen Röhre, der radioaktiven Elemente Plutonium und Radium, des Schnelltelegraphen und der Elektronenröhre. Zur gleichen Zeit erscheinen *Die Grundlagen des 19. Jahrhunderts* von Houston Stewart Chamberlain und *Die Voraussetzungen des Sozialismus und die Aufgaben der Sozialdemokratie* von Eduard Bernstein, im Jahr 1900 Sigmund Freuds *Traumdeutung* und das erste Heft der *Fackel* von Karl Kraus, *Le rire* von Henri Bergson und *Die Philosophie des Geldes* von Georg Simmel, wenig später Max Webers *Die protestantische Ethik und der Geist des Kapitalismus*, Wladimir Iljitsch Uljanows (genannt Lenin) *Was tun?*, Werner Sombarts *Der moderne Kapitalismus*, Otto Weiningers *Geschlecht und Charakter*, Rudolf Steiners *Theosophie*, Wilhelm Diltheys *Das Erlebnis und die Dichtung*, Jakob Burckhardts *Weltgeschichtliche Betrachtungen*, nicht zuletzt Albert Einsteins *Spezielle Relativitätstheorie*. Eine Dekade voll flirrender Theorien und Programme und zugleich das Zeitalter des erwachten Kapitalismus, des Imperialismus und der hegemonialen Ansprüche, die 1914 im »Griff nach der Weltmacht« (Fritz Fischer) kulminieren.

Inmitten dieser Zeittendenzen steht und entsteht jenes »gewichtlose Gewebe aus Worten«, von dem Hofmannsthal spricht. Drei Zentren der Lyrikproduktion und -diskussion finden sich nebeneinander. Berlin: das Zentrum des Naturalismus mit Arno Holz und Johannes Schlaf, das Zentrum der Gruppenbildungen um Julius und Heinrich Hart, der Fehden, der Auseinandersetzungen einer exzentrischen Boheme, die sich um eine Fülle konkurrierender Leitzeitschriften gruppiert. München bildet das Zentrum des Kreises um Stefan George, dem frühzeitig, doch nur als korrespondierendes Mitglied, auch der junge Hugo von

Hofmannsthal verbunden ist. Dieser wiederum gilt als Leitgestalt des Kunst-Zentrums Wien: das Zentrum des Sprachzweifels und der Sprachkrise, einer hochentwickelten Sensitivität für die Unzulänglichkeiten des sprachlichen Ausdrucks und die Möglichkeiten ihrer künstlerischen Bearbeitung. Zentralort der Wiener Moderne ist das Kaffeehaus; München – das ist der Salon; Berlin: der Verein.

Der Vielfalt ihrer poetischen Erscheinungsformen entsprechend hat diese Epoche sehr unterschiedliche Begriffe auf sich gezogen. Man spricht von der »Wiener Moderne« ebenso wie von der »Berliner Moderne«, von der Epoche der »Décadence«, aber auch von der Literatur des »Fin de Siècle« und von der Literatur der »Jahrhundertwende«. Es handelt sich um Epochenbegriffe, die jeweils sehr unterschiedliche Konnotationen mit sich bringen, und die literaturgeschichtliche Lage wird zusätzlich dadurch kompliziert, dass die Epochenbegriffe nicht selten mit Stilphänomenen verbunden werden wie Impressionismus und Neuromantik, Jugendstil und Symbolismus, später auch Expressionismus und Dadaismus, Futurismus (in Italien) und Surrealismus (in Frankreich), Stilphänomene, die jeweils vorherrschende Tendenzen der Zeit kennzeichnen sollen. Es handelt sich um – zum Teil – der Malerei entlehnte Begrifflichkeiten, die eine gemeinsame Stoßrichtung aufweisen: Sie wenden sich gegen den Naturalismus wie gegen den Realismus, gegen die Funktionalität wie gegen die Nützlichkeit von Literatur.

Friedrich Nietzsches »Dionysos«-Dithyramben

Die herausragende, die poetische Produktion um und nach 1900 prägende Lyrik stammt freilich nicht von einem Dichter im engeren Sinn dieses Wortes, sondern von einem Philosophen. Es sind einige wenige Gedichte Friedrich

Nietzsches, die den literarischen Impressionismus, Symbolismus und Jugendstil in Deutschland angeregt und beflügelt und die ihre Wirkung bis in die Zeit des Expressionismus bewahrt haben. Nicht von Nietzsches Philosophie ist hier die Rede, sondern von Gedichten wie jenem, das der Philosoph – beiläufig fast – in den weitgespannten essayistischen Rahmen von *Ecce homo* eingefügt hat:

An der Brücke stand
Jüngst ich in brauner Nacht.
Fernher kam Gesang:
Goldener Tropfen quoll's
Über die zitternde Fläche weg.
Gondeln, Lichter, Musik –
Trunken schwamm's in die Dämmrung hinaus …

Meine Seele, ein Saitenspiel,
sang sich, unsichtbar berührt,
heimlich ein Gondellied dazu,
zitternd vor bunter Seligkeit.
– Hörte Jemand ihr zu? …[3]

Das Kapitel, in dem sich dieses Gedicht findet, trägt die Überschrift: »Warum ich so klug bin«. Doch von ›Klugheit‹ im landläufigen Sinn wird man im Blick auf das Ich dieses Gedichts kaum sprechen können. Vielmehr hat es sich einer Vielfalt von Bestimmungen und Eindrücken ausgesetzt: einem Ort (›Brücke‹), einer Zeit (›Nacht‹), der Akustik und Optik seiner Umgebung (›Gondeln, Lichter, Musik‹), einer Atmosphäre aus Farben und Formen, einer – mit Hofmannsthal gesprochen – ›Stimmung‹ des Augenblicks, die das lyrische Subjekt wahrnimmt, die es in sich

3 Friedrich Nietzsche, *Ecce homo*, in: F. N., *Sämtliche Werke.* Kritische Studienausgabe, hrsg. von Giorgio Colli und Mazzino Montinari, Bd. 6, München 1980, S. 291.

aufnimmt und die es seinerseits in sich zum Klingen bringt (›ein Saitenspiel‹), und zwar dem Genius des Ortes Venedig gemäß (›Gondellied‹), nicht wissend, ob ein anderes Ich den Klängen seiner Poesie sich öffnen wird. Es ist eine besondere Art von ›Klugheit‹, die sich hier Raum sucht, nämlich die Klugheit dessen, der – wie es zu Beginn des Kapitels heißt – »Einiges mehr weiss«.[4] Und ›mehr‹ weiß offenbar, wer mit allen seinen Sinnen zu hören und zu sehen versteht, wer sich der Poesie seiner Wirklichkeit synästhetisch auszusetzen, das Wahrgenommene sich anzuverwandeln und es produktiv aus sich herauszusetzen vermag.

Nietzsches Lyrik besitzt – wie sich dem Zyklus visionär-ekstatischer Gedichte mit dem Titel *Dionysos-Dithyramben* beispielhaft ablesen lässt – eine eigenständige Energie und Dynamik kraft der Ich-Instanz, die sich in ihr als Medium des Ausdrucks begreift und mitteilt. Die Gattungsbezeichnung Dithyramben spielt auf die Tradition der ekstatisch-enthusiastischen Chorlieder an, die in Griechenland zu Ehren des Dionysos gesungen wurden, hymnische Tanzlieder, die in Strophenform gehalten waren. Nicht dem maßvollen Apoll, sondern dem lebenglühenden, lebensprühenden, dem rasenden Dionysos widmet Nietzsche seinen großen Gedichtzyklus, der – von wilden und harten Bild-Gegensätzen geprägt, von farbigen Sprach-Ekstasen wie vom Schwarz der Melancholie durchzogen – seine Faszinationskraft bis heute bewahrt hat.

Gesammelt erschienen die Gedichte zuerst 1891, als Anhang zur zweiten Ausgabe des vierten Teils von Nietzsches *Also sprach Zarathustra*. Drei von ihnen – *Klage der Ariadne*, *Nur Narr! Nur Dichter!* und *Die Wüste wächst: weh dem der Wüste birgt …* – wurden bereits 1885 in der ersten Ausgabe dieses epochemachenden Werks veröffentlicht. Nietzsches Gedichte gehören in den Zusammenhang der

4 Ebd., S. 278.

Selbstansprache des poetischen Ich, zu dem das philosophische sich wandelt. Es handelt sich freilich nicht um ein Subjekt in einem psychologischen Sinne, sondern um eine Ich-Instanz, mit der jeweils spezifische Rollen durchgespielt werden, und damit, wie Max Kommerell gezeigt hat, um eine völlig neue »Stimmung des Selbstgesprächs«: »Statt der Schicksale, die treffen, nur noch Gedanken, die Schicksale werden, und als Korrelat eine mehrfache Existenz hervorrufen, und endlich ein Wille, der als Selbstauslegung maskiert ein So-Sein gebietet und dadurch eine Selbstunterscheidung als Lebensgefühl hervorruft, dessen Schmerz der tiefe Widerspruch zwischen Natur und Selbstauslegung ist.«[5]

Es sind Lieder Zarathustras, die dessen Philosophie nicht poetisch wiederholen, sondern in denen er sich seiner Stellung in der Welt und zu ihr vergewissert – in der Form der Weltabkehr, im Rückzug aus der Welt, in der Erhebung über die Welt, Feier und Repräsentation eines Gestus der sinkenden Lebenssonne in einer poetisch eigenständigen Kunstsprache, in Form von Bildern und Rhythmen, die dem jeweiligen Gefühls- und Gedankenausdruck angemessen sind. Ekstasen, Gegensätze und Unruhen finden sich neben Reflexionen, Beobachtungen und Erwartungen, Todesgedanken neben Auflösungsvisionen. »Silbern, leicht, ein Fisch / schwimmt nun mein Nachen hinaus …«,[6] heißt es am Ende des Gedichts *Die Sonne sinkt*. Darin ist noch einmal prägnant ein verbindendes, durch alle Gedichte sich hindurchziehendes Motiv entworfen: der Einsamkeitstopos, der Aspekt des Selbstverlusts, der in eine Dialektik von Selbstvernichtung und Selbstschöpfung eingearbeitet ist, und am Ende die Ruhe der Ausfahrt, das Gleiten des Lebensschiffes hinaus auf das Wasser.

5 Max Kommerell, *Gedanken über Gedichte*, Tübingen 1943, S. 484.
6 Nietzsche, *Dionysos-Dithyramben*, in: Nietzsche (s. Anm. 3) S. 397.

Der George-Kreis

Der George-Kreis bietet für den Einfluss Nietzsches das herausragende Beispiel. Denn dieser Kreis, ein geistesaristokratischer Zirkel, war nicht nur ein literarhistorisches, sondern zugleich ein literatursoziologisches und auch ein literaturpolitisches Phänomen. Karl Wolfskehl (1869–1948), Ernst Kantorowicz (1895–1963), Ludwig Klages (1872–1956), Friedrich Gundolf (eigtl. Gundelfinger, 1880–1931), Max Kommerell (1902–1944), Norbert von Hellingrath (1888–1916) repräsentieren den George-Kreis im engsten Sinn, eine Gruppe mit hierarchischem Gefüge, das unbedingte Unterordnung einschloss, bestimmt und beherrscht von der alles überstrahlenden Aura Stefan Georges, die ihrerseits geschult war am Vorbild Nietzsches. George bekannte sich zu diesem Vorbild auf eine höchst ambivalente Weise: einerseits zur Figur des »Erlösers«[7], dem George in seinem »Nietzsche«-Gedicht in *Der siebente Ring* (1907) sympathetisch das Denkmal eines von Einsamkeitsschmerzen heimgesuchten Tragikers errichtet hat. Dessen Untergang aber führt bei George andererseits zu einer Konsequenz, die Nietzsche nicht gezogen hat und nicht gezogen hätte: eine Schule, einen Zirkel zu bilden. »– nun ist not: / Sich bannen in den kreis den liebe schliesst«[8], heißt es bei George.

Die Gestalt und ihre Haltung lassen sich als Ausdruck der Hierarchie innerhalb der Gruppe verstehen, einer Hierarchie aufgrund freiwilliger, verehrender Unterordnung der Jünger unter den Meister. George seinerseits war – seit der Begegnung mit diesem 1889 in Paris – ein Verehrer Stéphane Mallarmés (1842–1898), des bedeutendsten Vertreters eines poetischen Symbolismus in Frankreich,

7 Stefan George, *Werke. Ausgabe in zwei Bänden*, München/Düsseldorf 1958, Bd. 1, S. 231.

8 Ebd., S. 232.

Repräsentant einer Theorie der ›reinen Kunst‹ und Vollender der ›reinen Form‹. Mallarmé führte in Paris einen bedeutenden Salon, der die großen Geister und Künstler seiner Zeit versammelte, darunter Paul Verlaine (1844–1896), Paul Claudel (1868–1955), Guy de Maupassant (1850–1893), André Gide (1869–1951), Paul Valéry (1871–1945) und eben auch Stefan George, der dort seine Neigung zum Ästhetischen, zum Preziösen und auch zum Religiösen bestätigt fand. Mallarmé galt in Frankreich als ›Le Maître‹, ein Ehrentitel, den George nach Deutschland transferierte. Zudem begegnete George in Paris dem Kult des Dandyismus – im Frankreich dieser Zeit ein Kult der prätendierten Unabhängigkeit und Selbstbezogenheit, der Wohlhabenheit und des Ästhetizismus, des Überlegenheitsdünkels und des Stoizismus. Der Dandy ist – im Unterschied zum Bohemien: in den Augen des Dandy ein proletarisierter Künstler, alltäglich und vulgär – ein aufgestiegener Bürger, der sich zu sich selbst erhoben hat, ein großstädtisches Phänomen, dem künstlerisch ambitionierten Bürgertum entstammend und dieses repräsentierend.

Das, was er selber intendiert, findet George in Paris vorgeprägt: den Kultus einer reinen, hohen Kunst und die tiefe Verehrung einer großen, charismatischen Künstler-Persönlichkeit. Zunächst ist George in Deutschland der Meister eines Kreises, der sich als ein Kreis von Meistern versteht, die eine neue antinaturalistische Kunst schaffen wollen. Hier entsteht der Plan, zu dichten – in einer selbstgeschaffenen, an den romanischen Sprachen orientierten ›Kunstsprache‹, im doppelten Sinn einer zugleich künstlerischen und künstlichen Sprache. Spuren dieser Neuorientierung finden sich noch 1892, dem Jahr, in dem George mit einigen Freunden die Zeitschrift *Blätter für die Kunst* gründet (erschienen bis 1919), die freilich nicht im Buchhandel erhältlich, sondern ausschließlich als Privatdruck Freunden und Gleichgesinnten zugänglich war, eine Zeitschrift, ausgefeilt bis ins feinste ästhetische Detail. Für sie entwickelte George ein eigenes Emblem und eine Ornamentik, die auf den Jugendstil deutet, ebenso eine eigene Typografie, verbunden mit einem altgermanischen Schriftcharakter. Das Programm der Zeitschrift ist unmissverständlich: »Der name dieser veröffentlichung sagt schon zum teil, was sie soll: der kunst besonders der dichtung und dem schrifttum dienen, alles staatliche und gesellschaftliche ausscheidend. Sie will die geistige kunst aufgrund der neuen fühlweise und mache – eine kunst für die kunst […]. In der kunst glauben wir an eine glänzende wiedergeburt.«[9]

Nicht eine Heilslehre, nicht eine kosmische Weltsicht sind für George Garant und Fundament eines neuen Lebens, sondern allein die Poesie. Die Auseinanderentwicklung und schließlich der Konflikt und das Zerwürfnis zwischen George und den Kosmikern bildeten eine notwendige Konsequenz dieser differenten Dispositionen. Georges Versuche, zu Hofmannsthal wie zu Gundolf ein verklärtes, autoritäres Meister-Schüler-Verhältnis zu entwickeln, scheiterten aus anderen Gründen, die allerdings alle auf ein Infragestellen des Meisters hinausliefen, Gründe, die mit dem Selbstbewusstsein der inaugurierten ›Schüler‹ zusammenhingen. Frühzeitig, fast könnte man sagen: ahnungsvoll bei dem jungen Hugo von Hofmannsthal, wirksam als sofort durchschlagender Abwehrreflex; als späte Lösung und Ablösung aus einer Affektgefangenschaft bei Friedrich Gundolf. Lebenslang verbunden blieb George nur dem Knaben Maximin – durch dessen frühen Tod. George hatte ihn 1902 in München gesehen und sich in ihn verliebt. Da Maximin eines frühen Todes sterben muss, schon mit 16 Jahren (1904), verehrt George in diesem jungen Menschen eine kultische Figur. Sein Tod ist der Beginn einer großen Verklärungsdichtung. Zweifellos drückt sich in

9 *Blätter für die Kunst*, 1. Folge, 1. Band; zit. nach: *Der George-Kreis*, hrsg. von Georg Peter Landmann, Köln/Berlin 1965, S. 15.

ihr eine Beziehung im Zeichen des Erotischen aus, gleichzeitig aber, da das Erotische nicht gelebt werden kann, eine Beziehung im Zeichen des Platonischen.

Georges Lyrik

Die Werke Stefan Georges erscheinen seit 1890 in rascher Folge: die Bände *Hymnen* (1890), *Pilgerfahrten* (1891), *Algabal* (1892), *Die Bücher der Hirten- und Preisgedichte der Sagen und Sänge und der hängenden Gärten* (1895), *Das Jahr der Seele* (1897), *Der Teppich des Lebens* (1900), *Die Fibel* (1901), *Tage und Taten* (Prosa, 1903), *Maximin. Ein Gedenkbuch* (1907), *Der siebente Ring* (1907), danach, in größerem zeitlichen Abstand, *Der Stern des Bundes* (1914) und *Das neue Reich* (1928), schließlich die Gesamtausgabe der Werke in achtzehn Bänden (1927–34). Den ersten Gedichtband, *Hymnen*, hat George, wie die beiden folgenden Bände und die Zeitschrift *Blätter für die Kunst* auch, als Privatdruck erscheinen lassen, in 100 Exemplaren – um seine Gedichte, wie er zehn Jahre später, in der Vorrede zur zweiten Auflage schrieb, der »rücksicht auf die lesende menge« zu entheben, »die damals besonders wenig willens oder fähig war ein dichtwerk als gebilde zu begrüssen und zu geniessen«.[10] Erst später wurde der Verlag Bondi für die Publikation der Werke gewonnen, um einen größeren Leserkreis und damit eine größere Wirkung zu erreichen. Die Gedichte des ersten Lyrikbandes zeichnet durchweg ein feierlicher und erlesener, ein hoher Ton aus, poetischer Ausdruck des Bemühens, den Niederungen zu entkommen, in denen die »menge« ihren alltäglichen, kunstfernen Verrichtungen nachgeht. Bereits die erste Strophe des Eingangsgedichts mit dem beredten Titel *Weihe* verleiht dieser Absicht eine kunstvoll aus Endreimen

10 George (s. Anm. 7) S. 8.

und Binnenreimen, Alliterationen, Assonanzen und Vokalharmonien komponierte Melodie:

> Hinaus zum strom! Wo stolz die hohen rohre
> Im linden winde ihre fahnen schwingen
> Und wehren junger wellen schmeichelchore
> Zum ufermoose kosend vorzudringen.[11]

Es ist eine Sprache, die Kritiker Georges von Anfang an zu Urteilen wie ›Kunstgewerbe‹ und ›Kitsch‹ herausgefordert hat. Tatsächlich aber muss man, um ihre Bedeutung zu ermessen, diese Sprache im Kontext der gleichzeitig erscheinenden Lyrik des Realismus und des Naturalismus sehen. Georges früheste Gedichte sind das Werk eines 22jährigen jungen Mannes, der sich der literarischen Signatur seiner Zeit entzieht und zu neuen, eigenen Ufern aufbrechen will. Die Kunst der Sprache soll sich als das höhere Sein erweisen. Der herrische, imperativische Gestus des lyrischen Ich entspricht diesem Impuls ebenso wie die Arbeit an einer durch die poetische Sprache erzeugten Gegenwelt und Gegenwirklichkeit. Die Angespanntheit, ja Angestrengheit dieses Gestus ist unüberhörbar. Unübersehbar aber ist auch, dass George damit der Lyrik der nächsten Jahrzehnte neue Horizonte eröffnet.

Nach den Hugo von Hofmannsthal gewidmeten *Pilgerfahrten* erscheint 1892 mit *Algabal* die erste originäre George-Lyrik. ›Originär‹ soll heißen, dass George in diesem Werk das forcierte Formbemühen der beiden ersten Bände in eine größere Souveränität des lyrischen Ausdrucks überführen kann. Der Titel spielt auf den spätrömischen Kaiser Heliogabal an, der von 218 bis 222 n. Chr. regierte und bei einer Palastrevolte seiner Soldaten ermordet wurde. Er galt als ein großer Melancholiker, ebenso als Verschwender und ausschweifend lebender Herrscher, der zugleich Hohepriester des Sonnengottes Elagabal war.

11 Ebd., S. 9.

George hat auf diese Figur Tragisches und Melancholisches der eigenen Lebensdisposition projiziert und dem Band zugleich eine Widmung an Ludwig II. vorangestellt, den Bayernkönig, der seinerseits tragisch ums Leben gekommen war. Der Dichter hat damit zugleich sich selber geadelt: als fürstliche Figur einer Spätzeit. Pracht und Prunk, Düsternis und Glanz, exotische Bildersprache und aristokratische Isolation – all das ist in hochsymbolischen Aufladungen in diesem Gedichtband enthalten.

George hat an den Abschluss des Bandes ein Gedicht gestellt, das gewiss eines seiner schönsten ist und zu Recht in zahlreichen Anthologien und Lesebüchern enthalten:

Vogelschau

Weisse schwalben sah ich fliegen ·
Schwalben schnee- und silberweiss ·
Sah sie sich im winde wiegen ·
In dem winde hell und heiß.

Bunte häher sah ich hüpfen ·
Papagei und kolibri
Durch die wunder-bäume schlüpfen
In dem wald der Tusferi.

Grosse raben sah ich flattern ·
Dohlen schwarz und dunkelgrau
Nah am grunde über nattern
Im verzauberten gehau.

Schwalben seh ich wieder fliegen ·
Schnee- und silberweisse schar ·
Wie sie sich im winde wiegen
In dem winde kalt und klar![12]

12 Ebd., S.59.

Weiße Schwalben – die provozierend eigenwillige Farbgebung signalisiert: Es ist nicht die reale Welt, sondern eine Kunst-Natur, die hier durch Sprache geschaffen wird. Alliterationen, Binnenreime, Assonanzen und Vokalharmonien – in diesem Gedicht werden sie ohne Mühe gleichsam zum Fliegen gebracht. Kunstvoll und doch unangestrengt sind die Endreime aufeinander bezogen, präzise werden sie auf die Inhalte abgestimmt. Das Gedicht wiederholt in seiner Strophenfolge die Dreiteilung des Bandes insgesamt, um diese in der vierten Strophe im Blick auf die Gegenwart zu öffnen. Vergangenheit zunächst, die der Kunstwelt des Gartens und des Palastes im Gedichtband entspricht; Kolibri und Tusferi, eine exotische Wortwahl und Bildersprache, die sich einfügt in die Kunstwelt des Kaisers Algabal; dann die Trauerstimmung: schwarz, dunkelgrau, Raben, Dohlen, Nattern, dem dritten Teil des *Algabal* entsprechend. Kunstvoll und sensibel wechselt in der vierten und letzten Strophe das Tempus vom Präteritum ins Präsens, das die düstere Perspektive in eine helle Gegenwart öffnet. Man sieht an diesem Gedicht, wie George innerhalb von wenigen Jahren seinen eigenen Stil entwickelt hat, von den forcierten bildsprachlichen Anfängen hin zu einer Innigkeit des lyrischen Ausdrucks, in der sich keine Silbe und kein Vokal zu viel findet.

1897 folgt, zunächst wiederum als Privatdruck, der Gedichtband *Das Jahr der Seele*, ein Versuch, von den großen antiken Bezügen, etwa im *Algabal*, zur Gegenwart zu gelangen, wohl der bekannteste Gedichtband Georges. Auch hier stellt George jahreszeitliche Zyklen zusammen: *Nach der Lese* – Herbst, *Waller im Schnee* – Winter, schließlich *Sieg des Sommers*. Im Mittelteil finden sich Überschriften und Widmungen, Rückblicke auf eigene Dichtungen und Begegnungen, Widmungen an Personen, am Ende traurige Gesänge, die den Kreis schließen sollen. Man ist versucht, diesen Gedichtband autobiographisch zu lesen, ein Versuch, den George – wie alle bedeutenden Dichter – entschieden zurückgewiesen hat. Mit Recht: Was immer man in einem Gedicht an autobiographischen Elementen finden will – das, was ein Gedicht zum Kunstwerk macht, geht darüber weit hinaus und hat im Grunde, wenn das Gedicht gelungen ist, mit diesen Ausgangspunkten biographischer Art nichts mehr zu tun. Es bildet seine eigene Wirklichkeit. Dennoch ist man versucht, nachzufragen, woher der melancholische Ton des Bandes stammt, und den Anlass zu solchen Nachfragen hat George selber gegeben. Denn der Band ist der Schwester gewidmet, Anna Maria Ottilie, »der tröstenden Beschirmerin auf manchem meiner Pfade«, wie es in der Zueignung heißt. Der Dichter brauchte Trost, und er brauchte Beschirmung. Den Grund hierfür hatte Ida Coblenz (1870–1942) gegeben, die geliebte und verehrte, schließlich abgelehnte und verachtete Frau, der dieser Band zunächst gewidmet sein sollte. Sie hatte das zuvor erschienene *Buch der hängenden Gärten* gelesen, voller Bewunderung für das Werk und seinen Autor. Doch den Mann Stefan George hatte sie abgewiesen und statt seiner den von ihm verachteten Rivalen Richard Dehmel (1863–1920) geheiratet. *Das Jahr der Seele* enthält Georges wohl bekanntestes Gedicht:

Komm in den totgesagten park und schau :
Der schimmer ferner lächelnder gestade ·
Der reinen wolken unverhofftes blau
Erhellt die weiher und die bunten pfade.

Dort nimm das tiefe gelb · das weiche grau
Von birken und von buchs · der wind ist lau ·
Die späten rosen welkten noch nicht ganz ·
Erlese küsse sie und flicht den kranz ·

Vergiss auch diese lezten astern nicht ·
Den purpur um die ranken wilder reben ·
Und auch was übrig blieb von grünem leben
Verwinde leicht im herbstlichen gesicht.[13]

13 Ebd., S. 121.

Ein »totgesagter park«, in den ein Ich ein Du ruft, lockt, einlädt, ein Park, der »totgesagt«, also nicht ›tot‹ ist. Mit dem »schau« ist die Bühne eröffnet. Man befindet sich in einer Kulturlandschaft, es gibt keine Natur mehr in ihrer unzerstörten, unbearbeiteten Form, sondern es gibt einen Park, der umgrenzt und kunstvoll angelegt ist. Drei verschiedene Stufen durchläuft das Gedicht: zunächst den »schimmer ferner lächelnder gestade«, das Blau, die reinen Wolken, Weiher, bunte Pfade – eine sommerliche Szene; dann das tiefe Gelb, das weiche Grau, das Welken – eine spätsommerliche Szenerie; schließlich die letzten Astern, wilde Reben – der Herbst: was übrig blieb vom grünen Leben, was nicht vergessen werden soll. »verwinden« heißt: verarbeiten und dadurch überwinden, aber es kann auch heißen: verbinden, herumwinden. Beide Bedeutungen sind in diesem Wort enthalten, um auszudrücken: Lebe mit der Natur – sie ist schön, sie ist nicht tot, sie hat Leben, und du kannst dieses Leben auf dich beziehen, dich in ihm finden. Ein Gedicht, das sich als Prozess entfaltet, als eine Naturwahrnehmung, die deutlich macht: Der Park, Symbol der eingegrenzten, kultivierten Natur, die ihre eigene Schönheit besitzt, jene, die das Gedicht sprachlich zu fassen versucht – dieser Park ist als Prozess der Liebe und des Lebens, als ein Weg zu sehen, vom Sommer bis zum Herbst, doch auch der Herbst bedeutet nicht den Tod.

1900 (tatsächlich 1899) erscheint der Band *Der Teppich des Lebens*, in dem sich George zum bewussten Täter stilisiert, sich als Ausgestoßener sieht, als Geächteter, der innerhalb des kulturellen Horizonts der Zeit die Lebensform des aggressiven, militanten Außenseiters angenommen hat. Er hat sprechende Gedichttitel gefunden wie *Schmerzbrüder*, *Der Jünger*, *Der Erkorene*, *Der Verworfene*, zum Teil mit Idolatrie-Segmenten versehen, mit Elementen einer stilisierten Verehrung und Selbstverehrung wie in dem Gedicht *Der Täter*, in dem das lyrische Ich sich, bis in Tötungsphantasien hinein, als Partisan entwirft: »Dann werden verfolger als schatten hinter mir stehn / Und suchen wird mich die wahllose menge die steinigt. / […] Oh wüsstet ihr wie ich euch alle ein wenig verachte!«[14] Solche Tendenz zur Selbststilisierung in einer sozialen Rolle findet sich auch in dem Gedicht *Der Freund der Fluren*:

Kurz vor dem frührot sieht man in den fähren
Ihn schreiten · in der hand die blanke hippe
Und wägend greifen in die vollen ähren
Die gelben körner prüfend mit der lippe.

[…]

Er schüttelt dann ob er dem wetter trutze
Den jungen baum und misst der wolken schieben
Er gibt dem liebling einen pfahl zum schutze
Und lächelt ihm dem erste früchte trieben.

[…][15]

»Der Freund der Fluren« – George nimmt hier eine Art Rückübersetzung des Begriffs ›Kultur‹ in den lateinischen Ursprungssinn vor. Das lateinische Wort *colere* bedeutet ›bebauen, bearbeiten, Ackerbau treiben‹. Es ist das Stammwort des Wortes *Kultur*, das sich aus dem Partizip Perfekt des Verbs, *cultus*, herleitet. Diese Bedeutung hat sich weiterentwickelt zu dem, was wir heute unter ›Kultur‹ verstehen – Kultur als bearbeitete Natur. Als Pfleger der Natur versteht sich der »Freund der Fluren«, als Pfleger der Ackerfluren und der landschaftlichen Fluren, im übertragenen und symbolischen Sinn auch als Kulturhüter, Kulturpfleger, als Freund der Kultur. Jener »liebling«, dem »erste früchte trieben« und der in Georges Augen die

14 Ebd., S. 196.
15 Ebd., S. 191.

meisten Früchte hätte tragen sollen, war der frühverstorbene Maximin. Ihm ist ein ganzer Zyklus gewidmet, der – ursprünglich als eigenständiges Werk veröffentlicht – in den Gedichtband *Der siebente Ring* (1907) aufgenommen wurde: *Maximin, ein Gedenkbuch*. In diesem Band findet sich ein Gedicht mit dem Titel *Entrückung*:

Ich fühle luft von anderem planeten
Mir blassen durch das dunkel die gesichter
Die freundlich eben noch sich zu mir drehten.

Und bäum und wege die ich liebte fahlen
Dass ich sie kaum mehr kenne und Du lichter
Geliebter schatten – rufer meiner qualen –

Bist nun erloschen ganz in tiefen gluten
Um nach dem taumel streitenden getobes
Mit einem frommen schauer anzumuten.

[…][16]

Pathos, das fast übergangslos in den Kitsch hinüberschwebt, Bilder, die sich selber kaum mehr tragen, große Worte, zu jener Zeit womöglich tief empfunden – und vielleicht deshalb poetisch nicht tauglich. Die Wendung »frommer schauer« soll eine Stimmung benennen, die das Gedicht in sich tatsächlich nicht ausdrückt. Denn an der Stelle, wo die Stimmung des »frommen schauers« durch Bilder, auch durch Struktur und Rhythmus evoziert werden müsste, steht eine Abstraktion. An diesem Beispiel lassen sich auch die Grenzen des Dichters Stefan George exemplarisch benennen: Sie liegen dort, wo er emphatisch versucht, Sprache zu funktionalisieren. Sobald die lyrische Sprache einen Auftrag bekommt – hier den zur Verklärung Maximins –, wird sie missbraucht.

16 Ebd., S. 293.

Der 1907 erschienene Band *Der siebente Ring* setzt sich aus mehreren Zyklen zusammen: *Zeitgedichte*, *Gestalten*, *Gezeiten*, *Traumdünkel*, *Liedertafeln* überschrieben. Darunter befinden sich auch zahlreiche Widmungsgedichte an Freunde aus dem George-Kreis. Die bedeutendste Gemeinsamkeit dieser Gedichte ist der Führungsanspruch Georges, der jetzt forciert vorgetragen wird, nicht nur als Anspruch auf Führung durch Dichtung, sondern auch als Anspruch auf Führung zu einem neuen Leben und zu neuer Kultur. Die Getreuen werden eingebunden, erkoren und erhoben, eine Gemeinschaft wird geschaffen, deren autoritative, unverbrüchliche Qualität durch den epigrammatischen Charakter der meisten Gedichte dieses Bandes bekräftigt wird, durch eine Spruchdichtung, die belehren, die fordern, die ein Programm formulieren will. Insofern wäre es ein Missverständnis, zu behaupten, Georges Dichtung sei esoterisch und weltabgewandt. Elitär ist sie gewiss, im sprachlichen Gestus wie hinsichtlich des Adressatenkreises. Der Dichter und seine Gefolgsleute sind das eigentliche, das neue Reich, sind die Kommenden. Es handelt sich um ein in Poesie gefasstes kulturpolitisch-pädagogisches Programm, dessen Linie der Selbsterhöhung und Selbstverklärung auch der letzte große Gedichtband Georges aus dem Jahr 1928 mit dem bezeichnenden Titel *Das neue Reich* und den beiden letzten Zeilen des programmatischen Gedichts *Das Wort* umsetzt: »So lernt ich traurig den verzicht: / Kein ding sei wo das wort gebricht.«[17]

»Kein ding sei wo das wort gebricht« – in dieser Sentenz wird der Bezug von Ding (= Realität, Wirklichkeit, Gegenständlichkeit) und Wort (= Poesie, Dichtung, Sprache) als ein Bedingungszusammenhang gesehen, der zugleich ein Bestimmungszusammenhang ist. Aber dieser wird gegen das geläufige Verständnis verkehrt: Das Wort setzt die Wirklichkeit. Wo das ›Wort‹ nicht vorhanden ist, gibt es

17 Ebd., S. 466 f.

kein ›Ding‹, soll es kein ›Ding‹ geben. Das ist keineswegs bodenloser Kulturidealismus. Wo das Wort, der Geist nicht das Bestimmende ist, wo er kein Echo, keinen Gegenpol, keine Entsprechung hat, da existiert nichts. Und umgekehrt: Alles existiert durch und kraft Sprache. Die literarhistorische Bedeutung Stefan Georges entspringt mithin einer Anti-Haltung. Sie ist gegen den Geist und die Entwicklung seiner Zeit gerichtet. Sie setzt auf ein neues poetisches Schaffen, doch um den Preis, dass die Figur des Dichters selber als Führerfigur anerkannt wird – Führer nicht im praktisch-politischen, wohl aber im politisch-kulturellen Sinn des Wortes.

Rainer Maria Rilke

Das »vollendete Gedicht«, so schrieb Rainer Maria Rilke (1875–1926) im August 1919 in einem schmalen Essay mit dem Titel *Ur-Geräusch*, könne »nur unter der Bedingung entstehen, dass die mit fünf Hebeln gleichzeitig angegriffene Welt unter einem bestimmten Aspekt auf jener übernatürlichen Ebene erscheine, die eben die des Gedichts ist«.[18] Jene »fünf Hebel« sind für Rilke die fünf Sinne. Er vergleicht ihr Zusammenspiel – genauer: er lässt diesen Vergleich im Text durch eine Frau ziehen – mit der »Geistesgegenwart und Gnade der Liebe«, mit jener »wunderbaren, zugleich einsetzenden Befähigung und Leistung aller Sinne« also, die ihrerseits ein »eigenes Zeugnis« darstelle »für die sublime Wirklichkeit des Gedichts«.[19] Ein erotisch subtil aufgeladenes Plädoyer für die Synästhesie in der Dichtkunst – als Rilke es hält, mit 44 Jahren, auf der Höhe seines Ruhms, gilt er als vollendeter Dichter.

18 Rainer Maria Rilke, »Ur-Geräusch», in: *Werke in sechs Bänden*, Frankfurt a. M. [3]1984, Bd. III.2, S. 548.

19 Ebd.

Er hat bis zu diesem Gipfel einen weiten Weg zurückgelegt. Rilke veröffentlicht, ein früh- und hochbegabter Autor, bereits im Alter von 19 Jahren seinen ersten Gedichtband: *Leben und Lieder* (1894). In rascher Folge erscheinen danach *Larenopfer* (1896), *Wegwarten* (1896), *Traumgekrönt* (1897), *Advent* (1898) und *Mir zur Feier* (1899). Es sind Gedichte, die eine große Formbegabung zeigen, aber noch keine Substanz, Gedichtbände, jugendbewegt und epigonal, mit denen Rilke Anerkennung sucht – hieraus erklärt sich seine unbändige frühe Produktionskraft. Die Bände enthalten eine Art von Gartenlaubenlyrik in neuromantischem Stil, mit naturalistischem Einschlag und balladesken Elementen, mit Sagen- und Märchenmotiven. Aber die »Schwächen des Frühwerks«, so hat Beda Allemann mit Recht betont, »sind keineswegs in einem Mangel an Begabung begründet«, sondern sie »ergeben sich vielmehr aus der Unbedenklichkeit, mit der Rilke seine enorme Begabung spielen läßt«.[20]

Doch erst die der Jugenddichtung folgende Phase der frühen Lyrik, repräsentiert durch die Gedichtbände *Das Buch der Bilder* (1902) und *Das Stundenbuch* (1905), erlaubt es Rilke, seine Formbegabung in den Dienst einer poetischen Vermittlung von Lebenserfahrung und Sinneswahrnehmung zu stellen. Die zweibändige Ausgabe der *Neuen Gedichte* (1907 f.), der die ingeniöse lyrische Prosa der *Weise von Liebe und Tod des Cornets Christoph Rilke* (1906) voraufgeht, führt diesen Prozess in Form der sogenannten ›Dinglyrik‹ fort, bevor – nach dem parodistischen Zwischenspiel auf christliche Glaubens- und Heiligtümer mit dem Titel *Das Marien-Leben* (1913) – die späte Lyrik einen neuen, durch Nietzsche inspirierten Akzent setzt: die nahezu gleichzeitig entstehenden *Duineser Elegien* (1923) und die *Sonette an Orpheus* (1923). Und nicht fehlen darf – auch dort, wo es um die Lyrik Rilkes geht – der

20 Beda Allemann, »Einleitung«, in: Rilke (s. Anm. 18), Bd. I.1, S. IX.

Hinweis auf *Die Aufzeichnungen des Malte Laurids Brigge* (1910), auf jenes Prosawerk, mit dem der deutschsprachige Roman der Moderne beginnt.

Rilke sucht und erhält die Unterstützung prominenter Zeitgenossen, beispielsweise des Germanisten August Sauer (1855–1926), des Malers Emil Orlik (1870–1932), des Dichters Detlev von Liliencron (1844–1909). Großen Einfluss auf ihn besitzt der dänische Romancier Jens Peter Jacobsen (1847–1885). Vor allem aber prägt ihn eine vierzehn Jahre ältere Frau, Lou Andreas-Salomé (1861–1937), in deren Begleitung Rilke zwei Reisen nach Russland unternimmt (1899, 1900), eine der berühmten und umschwärmten Frauen dieser Zeit, die freundschaftliche Beziehungen zu Friedrich Nietzsche und Sigmund Freud pflegte. Durch sie lernt Rilke das Werk Nietzsches kennen; sie vermittelt Rilke die Größe dieses Denkens, auch seiner Dichtung. Drei Jahre besteht die enge Verbindung zu Lou Andreas-Salomé – Rilke hat sie verehrt, sie ist für ihn die überlegene, die reifere Partnerin. Ihr widmet er seinen Gedichtband *Mir zur Feier*. Im *Stundenbuch* findet sich ein an Gott sich richtendes Gedicht, das man als ein Liebesgedicht an Lou Andreas-Salomé identifiziert hat:

> Lösch mir die Augen aus: ich kann dich sehn,
> wirf mir die Ohren zu: ich kann dich hören,
> und ohne Füße kann ich zu dir gehn,
> und ohne Mund noch kann ich dich beschwören.
> Brich mir die Arme ab, ich fasse dich
> mit meinem Herzen wie mit einer Hand,
> halt mir das Herz zu, und mein Hirn wird schlagen,
> und wirfst du in mein Hirn den Brand,
> so werd ich dich auf meinem Blute tragen.[21]

21 Ebd., S. 69.

Rilke verarbeitet in diesem Gedichtband, der aus drei Büchern besteht (*Vom mönchischen Leben*; *Von der Pilgerschaft*; *Von der Armut und vom Tode*) die Erfahrungen seiner Russlandreisen. Die Gedichte dieses Bandes zeigen ihn, auch wenn sie nichts mit naturalistischer Klassenkampf- oder Proletarierlyrik zu tun haben, als einen der Welt zugewandten Autor:

Denn sieh: sie werden leben und sich mehren
und nicht bezwungen werden von der Zeit,
und werden wachsen wie des Waldes Beeren
den Boden bergend unter Süßigkeit.

Denn selig sind, die niemals sich entfernten
und still im Regen standen ohne Dach;
zu ihnen werden kommen alle Ernten,
und ihre Frucht wird voll sein tausendfach.

Sie werden dauern über jedes Ende
und über Reiche, deren Sinn verrinnt,
und werden sich wie ausgeruhte Hände
erheben, wenn die Hände aller Stände
und aller Völker müde sind.[22]

Ein dialogischer Auftakt, Anrede an ein imaginäres Du. Denkbar wäre, dass es jene göttliche Instanz ist, die sich in diesem Gedichtband durchweg als Adressat findet, denkbar aber auch, dass es sich um eine Selbstanrede des lyrischen Ich oder um die Rede an einen imaginären Leser handelt. Hervorzuheben ist nicht nur der nahezu gleichförmig gehaltene und doch kunstvolle Reim, sondern ebenso die Alliterationen in der dritten Zeile (»werden«, »wachsen«, »Waldes«) oder die Assonanzen (»werden« / »Beeren«), daneben das Verhältnis von Reim und Binnen-

22 Ebd., S. 117.

reim (»Hände aller Stände«), auch das Enjambement (»Hände« / »erheben«). Alles das sind meisterliche Techniken, die Rilke souverän anwendet. Sie sind unaufdringlich eingebettet in den Fluss des Gedichts und in seinen Rhythmus. Die Frage stellt sich: Wer ist das ›sie‹, das im Zentrum der Wahrnehmung steht? Offensichtlich die in der zweiten Strophe Genannten: »Denn selig sind, die niemals sich entfernten«, ein biblischer Anspielungszusammenhang, unaufdringlich eingegeben, verweisend auf die materiell Armen, auf jene, die »ohne Dach« leben, ohne Haus, im Regen stehend, ungeschützt.

Das Gedicht weist einen hohen Abstraktionsgrad mit einer geschichtsphilosophischen Unterfütterung auf, denn es ist doppeldeutig angelegt. »Reiche, deren Sinn verrinnt« – das kann auf materiell Wohlhabende anspielen, es kann aber auch heißen ›Völker, Nationen‹, »Reiche« im Sinn von ›Imperien‹. Doch am Ende des Gedichts wird das Schema der ersten beiden, jeweils aus vier Zeilen bestehenden Strophen in aufschlussreicher Weise variiert. Die dritte Strophe ist erweitert um eine fünfte Zeile. »Und werden sich wie ausgeruhte Hände / erheben«: Das Element der Passivität wird aufgehoben, ein aktives Element angesprochen. Das Gedicht nimmt, trotz seines hohen Abstraktionsgrades, eine Handlungsdimension des Lebens wahr, versehen mit einer Zukunftsperspektive: Diejenigen, die da »selig« sind, unbehaust und ungeschützt – sie werden sich erheben, wenn die anderen »müde« sind.

Das Buch der Bilder, mit Anklang an Heinrich Heines *Buch der Lieder* (1827), benötigte eine lange Zeit für seine Entstehung. Erst 1913 ist der Band in seiner endgültigen Gestalt erschienen, in zwei Büchern zu je zwei Teilen. Sie entfalten ein breites Spektrum poetischer Formen und Sprechweisen, von der knappen epigrammatischen Form bis hin zu balladesken Zyklen mythisch-historischen Charakters, auf einer deutlich neuen Qualitätsstufe, die sich an einem der berühmtesten Gedichte Rilkes zeigen lässt:

Herbsttag

Herr: es ist Zeit. Der Sommer war sehr groß.
Leg deinen Schatten auf die Sonnenuhren,
und auf den Fluren laß die Winde los.

Befiehl den letzten Früchten voll zu sein;
gieb ihnen noch zwei südlichere Tage,
dränge sie zur Vollendung hin und jage
die letzte Süße in den schweren Wein.

Wer jetzt kein Haus hat, baut sich keines mehr.
Wer jetzt allein ist, wird es lange bleiben,
wird wachen, lesen, lange Briefe schreiben
und wird in den Alleen hin und her
unruhig wandern, wenn die Blätter treiben.[23]

Ein Gedicht, das aus drei Strophen besteht, in Wahrheit aber, legt man nur den Inhalt zugrunde, zweigeteilt ist: zunächst die Anrede an Gott, dann, in der letzten Strophe, eine Reflexion. Die ersten beiden Strophen tragen Gebetscharakter. Der Imperativ »leg deinen Schatten, laß die Winde los, befiehl, gieb, dränge, jage« formuliert nicht Befehle, sondern drängende Bitten – eine Art von Gebet, gerichtet an einen Gott, der hier »Herr« genannt wird. Es sind zwei Strophen, in denen die Natur als Fülle und als Erfüllung des in ihr liegenden möglichen Göttlichen erscheint. Die dritte Strophe dagegen nimmt wiederum den Aspekt der sozialen Welt auf, eine Welt der Bedrohung, der Unbehaustheit. Dieses »Wer« wird umhergetrieben, es geht um den Herbst des Lebens auch hier, Herbst als Me-

23 Ebd., S. 154.

tapher verstanden und zugleich als Symbol für das nahende Lebensende, den Lebensabend. Auch das spielt auf den Aspekt der Einsamkeit an, der Unbehaustheit, auf eine Unruhe, die zugleich produktiv sein kann (»wird wachen, lesen, lange Briefe schreiben«), eine Produktivität, die sich durch die Stimmung des Herbstes entfaltet.

Das nächste bedeutende Werk Rilkes sind die *Neuen Gedichte*, die in zwei Bänden in den Jahren 1907 und 1908 erscheinen. Es sind ›neue Gedichte‹ in des Wortes wörtlicher Bedeutung: Sie repräsentieren die endgültige Abkehr von der frühen Lyrikphase, die noch stimmungs- und hingebungsvoll die Selbstfeier und Selbstaussprache des lyrischen Ich betrieb, in Form einer entschiedenen Zuwendung zum Gegenständlichen. Rilke steht in dieser Zeit unter dem Einfluss des Bildhauers Auguste Rodin (1840–1917) und des Malers Paul Cézanne (1839–1906). In beiden sieht er die für ihn entscheidenden künstlerischen Begegnungen während seiner Zeit in Paris (1902/03), mit unterschiedlichen Konsequenzen. Rilke wollte als Auftragsarbeit für einen Verlag ein Buch über Rodin schreiben. Er hatte sich brieflich zunächst mit Rodin in Verbindung gesetzt, war dann nach Paris gereist, führte Interviews mit Rodin und arbeitete später als Sekretär für ihn. Rilkes Rodin-Essay, der in Werkausgaben als »Prosa« geführt wird, ist ein hochpoetisches Werk, in dem Rilkes Kunstverstand und seine sprachliche Meisterschaft eine kaum überbietbare Verbindung eingegangen sind.

Später steht Rilke unter dem Einfluss des Werks von Paul Cézanne. Durch ihn lernt Rilke, Farben wirklich zu sehen. Er entdeckt über Cézanne eine ganz neue Welt, die der bildenden Kunst und die einer Natur, die durch die bildende Kunst verarbeitet worden ist. Das eröffnet ihm neue Zugänge zur Wahrnehmung von Natur und moderner Lebenswelt. Die Begegnung mit Rodin verhilft ihm dazu, sich von den emphatisch subjektivierten Gedichten abzulösen und sich hinzuwenden zu dem, was er ›Arbeit‹ nennt, zum

Handwerklichen, zum Gegenständlichen: Dinge, Lebewesen, Geschehnisse will er in seinen Gedichten fassen, zeigen, ausdrücken. »Das Kunst-Ding«, so sagt Rilke, muss »von allem Zufall fortgenommen, jeder Unklarheit entrückt« sein.[24] Die Mehrzahl der Texte in den *Neuen Gedichten* ist in den Jahren 1906 bis 1908 entstanden. Es werden in diesen Gedichten zahlreiche unterschiedliche ›Dinge‹ thematisiert, ›Dinge‹ im weitesten Sinn des Wortes verstanden: der Panther, die Gazelle, die Flamingos, Pflanzen, die blaue Hortensie, die römische Fontäne, das Karussell, antike Kunst – Dinge, die in diesen Gegenständen Sprache werden und ihrerseits als Gegenstände zu sprachlichem Ausdruck kommen, dadurch eine symbolische Erhöhung und Überhöhung erfahrend. *Der Panther* (bereits 1903 entstanden) ist eines der berühmtesten Gedichte Rilkes:

Der Panther
Im Jardin des Plantes, Paris

Sein Blick ist vom Vorübergehn der Stäbe
so müd geworden, daß er nichts mehr hält.
Ihm ist, als ob es tausend Stäbe gäbe
und hinter tausend Stäben keine Welt.

Der weiche Gang geschmeidig starker Schritte,
der sich im allerkleinsten Kreise dreht,
ist wie ein Tanz von Kraft um eine Mitte,
in der betäubt ein großer Wille steht.

Nur manchmal schiebt der Vorhang der Pupille
sich lautlos auf –. Dann geht ein Bild hinein,
geht durch der Glieder angespannte Stille –
und hört im Herzen auf zu sein.[25]

24 Rainer Maria Rilke, *Briefe*. In zwei Bänden, Frankfurt a.M. / Leipzig 1991, S. 148.
25 Rilke (s. Anm. 18), Bd. I.2, S. 261.

Das Gedicht ist hochartifiziell gebaut. Das erste und das letzte Wort sind zwar als Graphem und Phonem identisch, und doch sind beide Wörter von unterschiedlicher semantischer Qualität: das Possessivpronomen *sein* und das *Sein* im Sinn von ›existieren‹. Beides, Anfang und Ende, sind exakt aufeinander bezogen. »Sein Blick«: darin steckt noch etwas Eigenes; am Ende aber hört das Bild »auf zu sein« – im Sinne von: »es ist nicht mehr da«. Doppeldeutig auch das »Vorübergehn der Stäbe«. Zum einen könnte es gedacht sein als der Gang des Panthers, der diesen an den Stäben vorüberführt, ebenso aber ist das »Vorübergehn« vorstellbar aus der Sicht des Panthers, Konsequenz seines unruhigen Blicks: als gingen die Stäbe an ihm vorüber, endlos, ewig und beengend. Beide Möglichkeiten sind hier angedeutet und angelegt. Kunstvoll ist auch das Verhältnis von Binnenreim und Endreim organisiert (Stäbe / hält / tausend Stäbe gäbe / tausend Stäbe / Welt), ein virtuoses Spiel, mit dem buchstäblich Stäbe in Form der Sprache aufgebaut werden, die sich – einer wie der andere – alle aufeinander beziehen und auf diese Weise ein Gefängnis errichten, in dem der Panther sprachlich eingeriegelt ist. Kunstvoll auch die Durchbrechung des Gleichmaßes. Wir haben es durchweg mit Jamben zu tun. Alle Zeilen bestehen aus fünffüßigen und fünfhebigen Jamben, bis zur vorletzten Zeile. Da plötzlich wird abgebrochen: Verkürzt, zumindest um einen Versfuß, finden sich im letzten Vers nur noch vier Hebungen. Das abgebrochene Sein des Bildes, das im Herzen erstarrt, verschwindet, bricht ab, wird in dem Abbruch dieser Zeile rhythmisch und metrisch aufgenommen, reproduziert, zum Ausdruck gebracht. Die Form drückt präzise aus, was der Inhalt des Gedichts ist. Dies eben ist die besondere Qualität dieses »vollendeten Gedichts«, das Hochartifizielle und Kunstvolle an ihm: dass es als Form und in seiner Form ausspricht, wovon es inhaltlich handelt. Dadurch weist es über sich hinaus: Es wird nicht nur der gefangene Panther beschrieben, sondern jede Art von Gefangenschaft, Ausweglosigkeit und Unentrinnbarkeit, die schließlich auch die Wahrnehmung tötet.

Wie *Der Panther*« zählt auch *Blaue Hortensie* zu den bekanntesten Gedichten Rilkes.

Blaue Hortensie

So wie das letzte Grün in Farbentiegeln
sind diese Blätter, trocken, stumpf und rauh,
hinter den Blütendolden, die ein Blau
nicht auf sich tragen, nur von ferne spiegeln.

Sie spiegeln es verweint und ungenau,
als wollten sie es wiederum verlieren,
und wie in alten blauen Briefpapieren
ist Gelb in ihnen, Violett und Grau;

Verwaschnes wie an einer Kinderschürze,
Nichtmehrgetragnes, dem nichts mehr geschieht:
wie fühlt man eines kleinen Lebens Kürze.

Doch plötzlich scheint das Blau sich zu verneuen
in einer von den Dolden, und man sieht
ein rührend Blaues sich vor Grünem freuen.[26]

Das Gedicht ist in klassischer Sonettform gehalten, mit einer leichten, bezeichnenden Reimvariation: auf *a b b a b c c b* folgt *d e d f e f*. Es handelt sich um eine Fortschreibung des Schemas von vier Reimen – hier sind es sechs. Offenbar will Rilke bis ins Reimschema hinein einen Prozess wahrnehmbar machen, der nicht dem dialektisch gedachten Bauschema des traditionellen Sonetts unterliegen darf, sondern einer Entwicklung Ausdruck geben soll, dem Pro-

26 Ebd., S. 275.

zess der farblichen Veränderung nämlich. Das Gedicht handelt von Vergehen und Werden: Das Blau der Hortensie ist zu Beginn des Gedichts vergangen – erst am Ende wird es wieder sichtbar. Das Gedicht bewegt sich in Vergleichen, die Annäherungen an Eigenschaften des beschriebenen Gegenstandes leisten. Sprache und Sache sind nicht identisch. Das Wie bildet eine poetische Brücke zwischen dem sprachlichen Ausdruck und dem beschriebenen Ding, das zugleich über seine Dinglichkeit hinausweist: vom Blau der Hortensie auf das Verhältnis von Vergehen und Werden, das ein Lebens-, ein Naturverhältnis darstellt. Das lyrische Ich tritt bei der Nachzeichnung dieses Prozesses aus dem Gedicht heraus, tritt hinter seine Wahrnehmung zurück und erscheint als Einfühlung in das Objekt. Daher der beschreibend distanzierte Ton an der Stelle der lyrischen Emphase der frühen Gedichtbände Rilkes. Es ist der Versuch, die Eigenart, die Schönheit eines Objekts durch sprachliche Empathie zu fassen, um sein Wesen zum Ausdruck zu bringen: beim Panther die existentielle Situation der Gefangenschaft, bei der blauen Hortensie das Verhältnis von Vergehen und Werden. Rilke hat diese Haltung in eine poetologische Selbstbeschreibung gefasst:

Der Dichter

Du entfernst dich von mir, du Stunde.
Wunden schlägt mir dein Flügelschlag.
Allein: was soll ich mit meinem Munde?
mit meiner Nacht? mit meinem Tag?

Ich habe keine Geliebte, kein Haus,
keine Stelle, auf der ich lebe.
Alle Dinge, an die ich mich gebe,
werden reich und geben mich aus.[27]

27 Ebd., S. 267.

Eine poetische Einlösung dieses Selbstentwurfs stellt das am 8. Juli 1906 in Paris entstandene Gedicht *Römische Fontäne* mit dem Zusatz »Borghese« dar: Es zeigt, wie ein kunstvoll-künstlicher Gegenstand sprachkünstlerisch nicht nur reproduziert, sondern neu entworfen wird.

Römische Fontäne

Borghese

Zwei Becken, eins das andre übersteigend
aus einem alten runden Marmorrand,
und aus dem oberen Wasser leis sich neigend
zum Wasser, welches unten wartend stand,

dem leise redenden entgegenschweigend
und heimlich, gleichsam in der hohlen Hand,
ihm Himmel hinter Grün und Dunkel zeigend
wie einen unbekannten Gegenstand;

sich selber ruhig in der schönen Schale
verbreitend ohne Heimweh, Kreis aus Kreis,
nur manchmal träumerisch und tropfenweis

sich niederlassend an den Moosbehängen
zum letzten Spiegel, der sein Becken leis
von unten lächelnd macht mit Übergängen.[28]

Ein Gedicht, das eine einzige Bewegung, die des Wassers in der römischen Fontäne, nachvollzieht, das sich hingibt mit seiner Sprache an sein Objekt und diesem dadurch, dass es sich poetisch verausgabt, Leben verleiht und zugleich selber Leben gewinnt. Das gilt in vergleichbarer Weise für das Gedicht *Archaïscher Torso Apollos*: Auch hier ein Gegenstand, ein Kunstgegenstand wiederum, dem

28 Ebd., S. 285.

das Gedicht Leben gibt, ein Torso, der aber – obwohl unvollendet, zerstört, fragmentarisch – in paradoxaler Verkehrung der Wahrnehmungsperspektiven auf verstörend deutliche Weise eine Lebensmaxime ausspricht:

Archaïscher Torso Apollos

Wir kannten nicht sein unerhörtes Haupt
darin die Augenäpfel reiften. Aber
sein Torso glüht noch wie ein Kandelaber,
in dem sein Schauen, nur zurückgeschraubt,

sich hält und glänzt. Sonst könnte nicht der Bug
der Brust dich blenden, und im leisen Drehen
der Lenden könnte nicht ein Lächeln gehen
zu jener Mitte, die die Zeugung trug.

Sonst stünde dieser Stein entstellt und kurz
unter der Schultern durchsichtigem Sturz
und flimmerte nicht so wie Raubtierfelle;

und bräche nicht aus allen seinen Rändern
aus wie ein Stern: denn da ist keine Stelle,
die dich nicht sieht. Du mußt dein Leben ändern.[29]

Das Dinggedicht ist bei Rilke immer die poetische Darstellung eines Objekts. Die Sprecherinstanz dieses Gedichts ist nicht zu erkennen, gibt sich nicht zu erkennen. Das lyrische Subjekt oder Ich ist ganz aus dem Gedicht herausgetreten. Es tritt hinter seine Wahrnehmung zurück, und die Wahrnehmung erscheint als eine Art Einfühlung in das Objekt. In dieser Form nur ist das lyrische Subjekt erkennbar. Es gibt seine Potenzen an das Objekt ab, dem es sprachlichen Ausdruck verleiht. Daher rührt der be-

29 Ebd., S. 313.

schreibend-distanzierte Ton statt der lyrischen Emphase der frühen Gedichtbände. Es ist ein Versuch, in allen diesen Gedichten die Struktur, die Eigenart, die Schönheit eines Objekts zu fassen und sein Wesen zum Ausdruck zu bringen. Darüber hinaus entsteht eine symbolische Bedeutung, die der Kunstcharakter dieser Gedichte miterzeugt.

Auf andere Weise generiert Rilke diese symbolische Bedeutung, wenn er, mit deutlichem entstehungsgeschichtlichen Bezug zu den frühen *Dionysos-Dithyramben* Nietzsches, die Erfahrung der Einsamkeit und des Selbstverlusts durch die Dingwelt der Natur konfiguriert:

Ausgesetzt auf den Bergen des Herzens. Siehe,
wie klein dort,
siehe: die letzte Ortschaft der Worte, und höher,
aber wie klein auch, noch ein letztes
Gehöft von Gefühl. Erkennst du's?
Ausgesetzt auf den Bergen des Herzens. Steingrund
unter den Händen. Hier blüht wohl
einiges auf; aus stummem Absturz
blüht ein unwissendes Kraut singend hervor.
Aber der Wissende? Ach, der zu wissen begann
und schweigt nun, ausgesetzt auf den Bergen des
Herzens.
Da geht wohl, heilen Bewußtseins,
manches umher, manches gesicherte Bergtier,
wechselt und weilt. Und der große geborgene Vogel
kreist um der Gipfel reine Verweigerung. – Aber
ungeborgen, hier auf den Bergen des Herzens ....[30]

Ein Gedicht, das nicht zu Lebzeiten Rilkes veröffentlicht worden ist, aber als Gedicht wohl ›vollendet‹ gedacht war. Ein ungeheures Bild: »Ausgesetzt auf den Bergen des Herzens«, an einem Ort, wo alles klein wird und zurückgelas-

30 Rilke (s. Anm. 18), Bd. II.1, S. 94 f.

sen ist, das reine Gefühl, die Trauer, der Schmerz, die Liebe, der Verlust, was immer es sein mag. Auf den Bergen des Herzens ist nichts Sicheres mehr vorhanden. »Die letzte Ortschaft der Worte« zurückliegend, »ein letztes Gehöft von Gefühl«, höher zwar, aber ebenfalls ganz klein geworden. Es ist jene Stimmung, die wir bei Nietzsche vorgeprägt sahen, die der Einsamkeit, der Weltverlorenheit, gebannt in klare Bilder des Verlustes, des Zurücklassens und des Verlassenseins. Ausgesetzt auf den Bergen des Herzens – dreimal wird das Bild in diesem Gedicht hervorgerufen, leitmotivisch wiederkehrend, eine Verstärkung des Einsamkeitsgefühls, der Unbehaustheit. »Aber ungeborgen, hier auf den Bergen des Herzens« – noch einmal, am Ende, aufgenommen, zum vierten Mal. Das heißt: Es gibt kein Ende, keine Gewissheit, keine Zukunft, nur noch Ungewissheit. Das Gedicht ist derart selber eines der Ausgesetztheit, auch in seinen formalen Mitteln. Es ist bewusst fragmentarisiert, wirkt abgebrochen – doch sein Fragmentcharakter ist der eigentliche Abschluss, seine »Vollendung«, die in diesem Gedicht nicht gelingt, nicht gelingen darf, auf Kosten der künstlerischen Wahrhaftigkeit. Ein Reimschema, rhythmisches Gleichmaß, die rundende Schließung des Gedichts wären ein poetischer Selbstwiderspruch gewesen.

Den *Neuen Gedichten* folgt, bedingt durch die Erschütterungen des Ersten Weltkriegs, eine lange Pause in der lyrischen Produktion Rilkes. Rilke war, im Unterschied zu vielen seiner dichtenden und intellektuellen Zeitgenossen, ein entschiedener Gegner des Krieges. Er hat im August 1914 *Fünf Gesänge* geschrieben, in denen er seinen Hass auf den Krieg ausgedrückt hat, beispielhaft in den ersten Versen des ersten Gesangs:

Zum ersten Mal seh ich dich aufstehn
hörengesagter fernster unglaublicher Kriegs-Gott.
Wie so dicht zwischen die friedliche Frucht
furchtbares Handeln gesät war, plötzlich erwachsenes.

Gestern war es noch klein, bedurfte der Nahrung,
mannshoch
steht es schon da: morgen
überwächst es den Mann. Denn der glühende Gott
reißt mit Einem das Wachstum
aus dem wurzelnden Volk, und die Ernte beginnt.[31]

Am Ende dann, zu Beginn des fünften Gesangs, die Warnung, die Mahnung, die visionäre Bannung des Krieges in Form eines Appells zum Kampf gegen die drohende Katastrophe:

Auf, und schreckt den schrecklichen Gott! Bestürzt ihn.
Kampf-Lust hat ihn vor Zeiten verwöhnt, nun dränge
der Schmerz euch,
dränge ein neuer, verwunderter Kampf-Schmerz
euch seinem Zorne zuvor.[32]

Abgesehen von dem Bändchen *Marien-Leben* (1913) veröffentlicht Rilke Gedichte erst wieder im Jahr 1923: die *Duineser Elegien* und die *Sonette an Orpheus. Duineser Elegien*: ein Name, der fast einen mythischen Klang besitzt. Der Titel verdankt sich dem Ort Duino in Italien, in der Nähe von Triest. Die Fürstin Marie von Thurn und Taxis hatte Rilke 1909 in Paris kennengelernt und ihn im Jahr 1910 auf ihr Schloss in Duino eingeladen. 1911/12 war Rilke zum zweiten Mal dort, um an den *Duineser Elegien* zu arbeiten, zunächst nur an den Anfängen einzelner Elegien. 1915 ist hier die Vierte Elegie in Gänze entstanden.

Mit der Elegie als Klagegesang knüpft Rilke an Vorläufer im 18. Jahrhundert an, vor allem an Klopstock und Hölderlin. Was Rilke mit seinen Elegien leistet, ist nichts Geringeres als ein Epochenaufriss: der Versuch, die Signatur seiner

31 Ebd., S. 86.
32 Ebd., S. 91.

Zeit in Verse, in Sprache, in Rhythmus, in Bilder zu bannen. Die *Duineser Elegien* sind überwiegend im hymnisch-daktylischen Versmaß geschrieben, in daktylischen Langzeilen gehalten. Diese tragen als Formensprache zur Überhöhung ins Mythische bei: Dichtung als gültige Aussage über die menschliche Existenz schlechthin, zudem eine reflexive Form, weil sie erlaubt, die beiden Kürzen durch eine Länge zu ersetzen. Man kann unterschiedlich rhythmisieren, mithin auch spielen. Häufig endet Rilke genau in den Mitten der Zeilen mit einer Betonung, um nach der Mitte mit einer Betonung wieder zu beginnen. Auf diese Weise, indem die Hebungen aufeinanderprallen, wird eine zusätzliche Spannung erzeugt. Lediglich in der Vierten und in der Achten Elegie hat Rilke Gedichte in Form von Blankversen geschrieben. Das Metrum ist hier ein reimloser jambischer Vers. Bewegung entsteht dadurch, dass sich Metrum und Rhythmus widersprechen. Zwei Bewegungen arbeiten gegeneinander und bewirken auf diese Weise die eigentliche Spannung und Dynamik dieser Zeilen. Insgesamt sind die *Duineser Elegien* der Versuch einer Welt- und Daseinsdeutung, die sich auch als implizite Poetik verstehen lässt: Die Dichtung übersteigt das Leben, indem sie über das Leben spricht.

Die Erste Elegie

Wer, wenn ich schriee, hörte mich denn aus der Engel
Ordnungen? und gesetzt selbst, es nähme
einer mich plötzlich ans Herz: ich verginge von seinem
stärkeren Dasein. Denn das Schöne ist nichts
als des Schrecklichen Anfang, den wir noch grade
ertragen,
und wir bewundern es so, weil es gelassen verschmäht,
uns zu zerstören. Ein jeder Engel ist schrecklich.
Und so verhalt ich mich denn und verschlucke den
Lockruf

dunkelen Schluchzens. Ach, wen vermögen
wir denn zu brauchen? Engel nicht, Menschen nicht,
und die findigen Tiere merken es schon,
daß wir nicht sehr verläßlich zu Haus sind
in der gedeuteten Welt. Es bleibt uns vielleicht
irgend ein Baum an dem Abhang, daß wir ihn täglich
wiedersähen; es bleibt uns die Straße von gestern
und das verzogene Treusein einer Gewohnheit,
der es bei uns gefiel, und so blieb sie und ging nicht.
[…][33]

Dieser Ausschnitt vermittelt einen Eindruck von der Prozesshaftigkeit jener Gedichte. Es ist ein Bildprozess, der zu Sprache wird, ein Prozess der Metaphorik, der Symbolisierung, der Entgrenzung der sprachlichen Wirklichkeit und Regelhaftigkeit. Es geht in dieser ersten Elegie thematisch um eine Grundbedingung des menschlichen Daseins, nämlich um die Unvollkommenheit, die Fragwürdigkeit, die Drohung der Vergänglichkeit, vor allem der Liebe. Das Gedicht ist eine Preisung des Gefühls, auch des Schmerzes als der höchsten Gefühlsintensität. Im Nachfühlen der Vergänglichkeit, im Versuch, dem Schmerz auf den Grund zu gehen, besteht die Steigerung des eigenen Daseins. Das Gedicht ist insoweit eine Arbeit gegen den Tod, gegen die Vergänglichkeit.

Die Zweite Elegie entfaltet den Engel-Mythos mit allegorischen Zuschreibungen, die in der Tradition der barocken Lyrik mit ihrem Vergänglichkeitstopos stehen. Rilkes Dichtung aber versteht sich als ein *memento mori*, das ohne den Heilsgedanken auskommen muss. Eine Rettung in Gott findet sich nicht – der Erlösungsgedanke lässt sich allenfalls noch erfahren in der tiefsten Daseinsempfindung. Das Thema der Dritten Elegie ist die Gefährdung des Menschen, seine Bedrohtheit von innen durch ein Ausge-

33 Rilke (s. Anm. 18), Bd. I.2, S. 441.

setztsein in der Welt, das mit seinem Begehren, mit den Triebkräften des Unbewussten einhergeht. Die Vierte Elegie repräsentiert den tiefsten Punkt der Gebrochenheit und Zerrissenheit des lyrischen Ich in Gestalt einer antithetischen Konstellation, in der das Unbewusste, angedeutet im Bild der »Löwen«, der menschlichen Feindseligkeit, dem Verlust der Liebe und dem Gefühl der Fremdheit gegenübersteht. Die Fünfte Elegie bildet die Mitte des Zyklus, mit freien rhythmischen Formen, in denen das »reine Zuwenig« mit dem »leeren Zuviel« konfiguriert ist, im Bann einer »Modistin«, die auf den Namen *Madame Lamort* (›Frau Dertod‹) hört. Die Sechste Elegie entwirft hierzu ein Gegenbild, die positive Grundfigur eines Helden, mit dessen Auftritt Gefahr und Tod als existenzielle Steigerungsformen des Daseins hervortreten. Mit der Siebten Elegie vollzieht sich der Umschlag der Vergänglichkeitsthematik in die Vision der Seienden, die ihr Sein als ein aufgegebenes Dasein, mithin das Dasein als Aufgabe erfahren (»Hiersein ist herrlich«). Die Achte Elegie entfaltet abermals den Klageton in der Motivpolarität von Mensch (Bewusstsein, Schicksal, Tragik) und Kreatur (Kindlichkeit, Offenheit, Glück). Die Neunte Elegie zeigt die Bereitschaft zur Annahme dieser Grundproblematik, wie Rilke sie insgesamt in seinen Elegien entwickelt: Die Einmaligkeit des Daseins als Existenzvoraussetzung anzunehmen, das ist die einzige Möglichkeit, die der Mensch angesichts seines Bewusstseins und angesichts seiner tragischen Situation hat. Er kann dem Bewusstsein, zu existieren und vergänglich zu sein, nicht entkommen. Er kann sein Dasein nur annehmen, und er muss es annehmen: ein Gedanke, den die Existenzphilosophie von Kirkegaard bis Sartre und Camus immer wieder aufgenommen hat als Denkvoraussetzung. Die Zehnte Elegie ist der Versuch, ein Gleichgewicht herzustellen zwischen Klage und Jubel und auf diese Weise die genannten Antithesen aufzuheben. Hier wird die Geschichte eines Jünglings erzählt, der sich – begleitet und geleitet von einer personifizierten Klage – auf dem Weg ins Totenreich befindet (»Einsam steigt er dahin, in die Berge des Ur-Leids. / Und nicht einmal sein Schritt klingt aus dem tonlosen Los«). Vor diesem Hintergrund schließen die *Duineser Elegien* mit einem komplex verschlungenen, nahezu unauflöslichen Bild, das »steigen« und »fallen« zueinander in Beziehung setzt – als ein paradoxes Bild des Einklangs:

> Und wir, die an *steigendes* Glück
> denken, empfänden die Rührung,
> die uns beinah bestürzt,
> wenn ein Glückliches *fällt*.[34]

Rilkes Elegien thematisieren die Vergänglichkeit – und indem sie dies tun, arbeiten sie zugleich gegen die Vergänglichkeit an. Sie leisten – implizit – Arbeit gegen den Tod, fassbar in den Beschwörungen des Dunkels, des Unheils, der Angst, der Furcht, des Vergehens.

Die *Sonette an Orpheus*, ebenfalls 1923 erschienen, entstanden im Wesentlichen im Jahr 1922, also während der Arbeit an den *Duineser Elegien*. »Geschrieben als ein Grab-Mal für Wera Ouckama Knoop«, lautet die Widmung, die an eine im Alter von 19 Jahren verstorbene Tänzerin erinnert. Es handelt sich um einen Zyklus von 55 Sonetten, der in zwei Teile untergliedert ist. Der erste Teil enthält 26, der zweite 29 Sonette. Rilke behandelt die Sonettform sehr frei. Er versucht, auch hier, einen Prozess in seiner Dichtung, auch in den einzelnen Gedichten, zu entfalten, indem er sich nicht an ein allzu starres Konzept, Reimschema und Reimfolgeschema bindet, sondern die Formensprache offen hält, um auf diese Weise eine Form zu finden, die dem poetischen Prozess angemessen ist. Hier findet sich nicht die Stimmung der Klage, sondern ei-

34 Ebd., S. 482.

ne Art Rühmung des Daseins. In einem der Sonette heißt es: »Gesang ist Dasein« – auch dies Ausdruck einer impliziten Poetik: Gesang als Dichtung, Dichtung als Dasein, mit eigener Existenz und von eigener Essenz.

Der Titel des Sonettenzyklus knüpft an den Mythos von Orpheus und Eurydike an. Doch im Mittelpunkt der *Sonette an Orpheus* steht nicht der unglückliche Ausgang des mythischen Unternehmens – Eurydike muss, durch Orpheus' Schuld, zurück in die Unterwelt, aus der Orpheus sie hatte erretten wollen –, sondern den Mittelpunkt dieser Sonette bildet der Orphische Gesang als Dasein. Das ist, für Rilke, der eigentliche Orpheus-Mythos: eine Art von Antithetik, eine Zweipoligkeit des gesamten Zyklus. Es geht um Doppelreiche und um »Doppelbereiche«, wie es einmal in den Sonetten heißt. Der erste Teil enthält den Orphischen Gesang und sein Gegenstück, das Gehör, die Leier und das Ohr, ganz am Anfang schon: »Da stieg ein Baum. O reine Übersteigung! / O Orpheus singt! O hoher Baum im Ohr!«[35] – Interjektionen, Ausrufe, Satzabbrüche, Verkürzungen, Verknappungen, verblose Sätze, Pointierungen lassen in diesen Sonetten eine Dynamik entstehen, wie sie von der Musik, der Kunst des Orpheus, ausgeht. Der zweite Teil repräsentiert die polare Konfiguration von Atmen und Spiegel, die innerhalb der Konstruktion des Zyklus mit Orphischen Motiven durchgeführt wird. Baum, Tiere, Spiegel, Doppelgängermotiv sind Figurationen für die Orpheus-Symbolik des Doppelbereichs. »Sein ist Zwiespalt« und »Gesang ist Dasein«: Aus beiden Reichen entsteht eine Art von höherer Natur durch das Orphische Singen. Assonanzen und zahlreiche kunstvolle Reime bilden Verschlingungsformen und Verknüpfungen formaler Art: »Heil dem Geist, der uns verbinden mag«. Gesang als verbindendes Medium beider Reiche und Musik als göttliches Instrument. Am Ende eine Wendung ge-

35 Ebd., S. 487.

gen die Maschinenwirklichkeit, die sich die Welt zu erobern beginnt: Rilke setzt die Musik als göttliches Element.

In den *Sonetten an Orpheus* wie in den *Duineser Elegien* werden Dasein und Tod miteinander verbunden als die beiden großen thematischen Verknüpfungen, zwischen denen die poetische Sprache als Sprachhandlung vermittelt. Sie hebt die Spannung und den Gegensatz zwischen Dasein und Tod im Hegelschen Sinn auf und erhält in sich auf diese Weise das, wovon sie ausgegangen ist: den Widerspruch zwischen Dasein und Tod. Rilke entwirft mit den *Sonetten an Orpheus* ein Äquivalent zum Leben, zu dem die Sprache aufgrund ihrer Zeichenfunktion freilich immer nur umschreibend gelangt. Es sind gleichwohl »vollendete« Äquivalente – ihre Sprach- und Bildkraft zeugt von jener »Geistesgegenwart und Gnade der Liebe«, die Rilke dem Gedicht abverlangt hat. Im Unterschied zu Stefan Georges statischem, herrischem, essentialistischem Anspruch auf Bändigung der Sprache und Bannung der Wirklichkeit durch Sprache entfaltet Rilkes Lyrik Konfigurationen und Konstellationen, die zarte Verbindungen hervortreten lassen. Max Kommerell hat Rilke treffend einen »Dichter des Bezugs«[36] genannt: Wo sich bei George häufig das viel zitierte ›Formdiktat‹ findet, überschreitet Rilke die bei George erkennbare Statik durch epische und dinghafte Elemente, durch ein poetisches Aufspüren der Eigengesetzlichkeit der Wirklichkeit, durch Hingabe der poetischen Sprache an die Realität und ihre Eigenbewegung.

Hugo von Hofmannsthal

Hierin ist Hugo von Hofmannsthal (1874–1929) Rilke in gewisser Weise verwandt. Es geht auch ihm um eine dynamische Sprachkunst, die den Nerv und die Substanz des

36 Kommerell (s. Anm. 5) S. 501.

Lebens zu treffen und in Sprache zu transformieren vermag, um Erinnerung durch Sprache, durch Worte, durch Bilder, um Erinnerung an Sichtbares, Hörbares, verbunden mit dem Element der Bewegung. Es geht um ein Erleben des lyrischen Ich, das sich als – scheinbar – spontaner Sprachimpuls und Sprachausdruck ins Gedicht übersetzt. Doch alles, was spontanes Erleben zu sein scheint, ist nur Ansatz und Einsatz für ein Gedicht, das in Reflexion überführt wird, in Gedankenschwere, in Verallgemeinerungen, die über das Erlebnishafte und Individuelle hinaus sich mitteilen wollen.

Hofmannsthal beginnt seine Dichterlaufbahn als 16jähriger Gymnasiast unter dem Pseudonym ›Loris‹ (da er als Schüler unter eigenem Namen nicht publizieren darf) mit formvollendeten Gedichten, Ausdruck einer hohen Begabung. Doch mit 25 Jahren hat er diese Phase zwischen 1890 und 1899 hinter sich gelassen. Hofmannsthal hört auf, Lyrik zu schreiben. Es ist nur ein schmales lyrisches Werk, das er hinterlassen hat, das zum Teil in traditionellen Formen gehalten, doch nicht allein als deren Reproduktion zu verstehen ist, sondern vor allem in der Form von Brechungen den Traditionsbestand verändert. Das moderne lyrische Ich tritt als Reflektor seiner eigenen Erlebnisebene in Erscheinung, und zwar im doppelten Sinn des Wortes: als eine Art Spiegel des Lichts, zugleich aber auch als Medium des Nachdenkens – Brechungen, die den erlebnishaften Stimmungsausdruck nicht länger als ursprünglich gelten lassen. Ein Beispiel hierfür bilden Hofmannsthals Terzinen:

Über Vergänglichkeit

Noch spür ich ihren Atem auf den Wangen:
Wie kann das sein, daß diese nahen Tage
Fort sind, für immer fort, und ganz vergangen?

Dies ist ein Ding, das keiner voll aussinnt,
Und viel zu grauenvoll, als daß man klage:
Daß alles gleitet und vorüberrinnt.

Und daß mein eignes Ich, durch nichts gehemmt,
Herüberglitt aus einem kleinen Kind
Mir wie ein Hund unheimlich stumm und fremd.

Dann: daß ich auch vor hundert Jahren war
Und meine Ahnen, die im Totenhemd,
Mit mir verwandt sind wie mein eignes Haar,

So eins mit mir als wie mein eignes Haar.[37]

Eine Terzine ist eine Strophe aus drei Zeilen mit einem festgelegten Reimschema: *a b a* in der ersten Strophe wird zu *b c b* in der zweiten Strophe. Das heißt: *b* aus der Mittelzeile der ersten Strophe wird in der zweiten Strophe am Anfang und am Ende verwendet, dementsprechend wird weiter verfahren. Lediglich die letzte Zeile ist abgesetzt von den Terzinen und nimmt im Reim den vorletzten Vers noch einmal auf. In den Terzinen *Über Vergänglichkeit* finden wir jedoch eine aufschlussreiche Abweichung vom Reimschema: *a b a*; *c b c*; *d c d*; *e d e*; *e* – das heißt: statt *b c b* zeigt sich mit *c b c* in der zweiten Strophe eine Veränderung: Hier wird eine Art Montage, ein Qualitätssprung vorgenommen.

Das Gedicht beginnt mit einem persönlichen Erlebnis, einem Liebeserlebnis offensichtlich, und dessen Weiterwirken (»Noch spür ich ihren Atem auf den Wangen«). Es folgt eine Erfahrung, die bei diesem Ich verbleibt, eine Art innerer Monolog (»Wie kann das sein, dass diese nahen Tage / Fort sind, für immer fort und ganz vergangen?«). Das

37 Hugo von Hofmannsthal, *Ausgewählte Werke in zwei Bänden*, Bd. 1: *Gedichte und Dramen*, Frankfurt a. M. 1957, S. 16 f.

ist durchaus Erlebnislyrik traditioneller Art, wenn auch als Gedankenprozess mitgeteilt. Jetzt aber setzt der Bruch ein, und es beginnt die Generalisierung (»Dies ist ein Ding, das keiner voll aussinnt«). An dieser Stelle wird der Bruch mit dem Schema gewählt, um den Schnitt zwischen dem individuellen Erleben – der Erinnerung an die verlorene Geliebte, die verlorene Liebe, die verlorene Liebeszeit – abzusetzen von dem Nachdenken darüber. Darin zeigt sich eine epische Tendenz, die erkennen lässt, dass in die Lyrik hinein erzählerische und auch dramatische Elemente treten.

Man kann bei Hofmannsthal in dieser Phase seines Schaffens zwei dominante Gedichttypen ausmachen. Zum einen das Dialoggedicht:

Inschrift

Entzieh dich nicht dem einzigen Geschäfte!
Vor dem dich schaudert, dieses ist das deine:
Nicht anders sagt das Leben, was es meine,
Und schnell verwirft das Chaos deine Kräfte.[38]

Diese »Inschrift« ist gerichtet an ein Du – ein dialogisches Verhältnis wird entwickelt. Eine Inschrift vermittelt eine Maxime, eine Erfahrung, die in konzentrierter und kompakter Form eingemeißelt wird, etwa in einen Grabstein, epigrammatisch, spruchhaft und lehrhaft. Der dialogische Charakter bedeutet hierbei nicht, dass es um ein objektivierbares Du geht. Es kann auch eine Selbstanrede des lyrischen Ich sein oder eine Anrede an ein imaginäres Du, das etwa der Leser wäre. Daraus resultiert der lehrhafte Charakter. In *Inschrift* wird das Moment der Flüchtigkeit thematisiert, der Sehnsucht, etwas anderes erleben zu wollen – doch es gibt nichts anderes als das, was das eigene

38 Ebd., S. 27.

Leben ist (»Und schnell verwirft das Chaos deine Kräfte«). Die Angst vor dem Chaos, die hier auftaucht, bildet ein Leitmotiv des jungen Hofmannsthal, wobei man sich immer fragen muss, ob nicht das Chaos – wenn man etwa an die mythologische Schöpfungsgeschichte denkt – jener Daseinszustand ist, aus dem eine Welt entspringt, wie dies für die Frühromantik Friedrich Schlegel formuliert hat. Bei Hofmannsthal aber ist das Chaos jene Urgewalt, die die Kräfte des Lebens beiseite schleudert.

Zum anderen das Figurengedicht:

Die Beiden

Sie trug den Becher in der Hand
– Ihr Kinn und Mund glich seinem Rand –,
So leicht und sicher war ihr Gang,
Kein Tropfen aus dem Becher sprang.

So leicht und fest war seine Hand:
Er ritt auf einem jungen Pferde,
Und mit nachlässiger Gebärde
Erzwang er, daß es zitternd stand.

Jedoch, wenn er aus ihrer Hand
Den leichten Becher nehmen sollte,
So ward es beiden allzu schwer:
Denn beide bebten sie so sehr,
Daß keine Hand die andre fand
Und dunkler Wein am Boden rollte.[39]

Das ist, kaschiert durch zwei miteinander verbundene Terzette in der letzten Strophe, ein Sonett. Das Gedicht bietet die Entfaltung einer Konstellation oder auch einer Konfi-

39 Ebd., S. 29.

guration, eine episodenhafte Skizze, fast ein Gemälde. Man kann sich das Geschehen als Genrebild vorstellen: hier die junge Frau, der Becher in der Hand, mit ebenmäßigen Zügen, der Becher auf Mund und Kinn figurativ bezogen, »leicht und sicher« gehend – wie in einem Bild; dort der junge Mann, ein jugendlicher Held, der auf seinem Pferd heransprengt, das Pferd bezwingt, dessen Zittern der Spannung zwischen Pferd und Reiter Ausdruck gibt, vielleicht auch dem Begehren, das in dem jungen Mann wächst angesichts der jungen Frau. Doch beide können zueinander nicht kommen. In einem Genrebild könnte man sich diese Hemmnis als eine Distanz vorstellen, die symbolhaft ausgedrückt wird, hier mit dem dunklen Wein, der »am Boden rollte«. *Ut pictura poesis* – auch dieses Gedicht ist eine Art Gemälde, den Linienführungen in einem Bild und der Spannungskonstellation in Bildern nachgearbeitet. Aber es ist zugleich ein Gedicht mit einer Reflexionsgebärde, denn seine Schlusszeilen drücken eine Generalisierung aus: ein Geschlechterverhältnis, das aus Begehren und Spannung gleichzeitig besteht, doch diese Spannung nicht überbrücken kann.

Von hier aus lässt sich zwanglos der Bogen schlagen zu einem Gedicht Hofmannsthals, das etwa gleichzeitig mit der *Ballade des äußeren Lebens* (1896) entstanden ist:

Manche freilich …

Manche freilich müssen drunten sterben,
Wo die schweren Ruder der Schiffe streifen,
Andre wohnen bei dem Steuer droben,
Kennen Vogelflug und die Länder der Sterne.

Manche liegen immer mit schweren Gliedern
Bei den Wurzeln des verworrenen Lebens,
Andern sind die Stühle gerichtet
Bei den Sibyllen, den Königinnen,

Und da sitzen sie wie zu Hause,
Leichten Hauptes und leichter Hände.

Doch ein Schatten fällt von jenen Leben
In die anderen Leben hinüber,
Und die leichten sind an die schweren
Wie an Luft und Erde gebunden:

Ganz vergessener Völker Müdigkeiten
Kann ich nicht abtun von meinen Lidern,
Noch weghalten von der erschrockenen Seele
Stummes Niederfallen ferner Sterne.

Viele Geschicke weben neben dem meinen
Durcheinander spielt sie alle das Dasein,
Und mein Teil ist mehr als dieses Lebens
Schlanke Flamme oder schmale Leier.[40]

Das Gedicht ist vermutlich 1895 entstanden und 1896 erstmals veröffentlicht worden, in Georges *Blättern für die Kunst*. Es beginnt mit einer vierzeiligen, dann folgt eine sechszeilige Strophe, dann drei jeweils vierzeilige Strophen. Das Vermaß bilden zunächst fünfhebige Verse, doch ab Mitte der zweiten Strophe vierhebige. Dann in der dritten Strophe: die erste Zeile ist fünfhebig, die zweite vierhebig; die vierte und fünfte Strophe wieder ganz fünfhebig. Wie die Hebungen, so wechselt auch das Metrum: zu Beginn Trochäen, aber bereits die zweite Zeile ist daktylisch unterbrochen, und so ist es auch in der vierten Zeile der ersten Strophe. Dann in der dritten Strophe ebenfalls ein Daktylus (zweite Zeile). Es gibt sogar zwei zweisilbige Senkungen. Das heißt: Es findet sich ein fortwährender Wechsel des Zeilenbaus mit Hebungen und Senkungen des Versmaßes, mit Trochäen, Jamben und Daktylen in unter-

40 Ebd., S. 22.

schiedlichen Varianten. Ganz bewusst wird hier offenbar Widerstand geleistet gegen den Formzwang lyrischer Traditionen. Dieses Gedicht hat keinen Reim, kein Gleichmaß des Versbaus, es führt keine Tradition fort. Hier wird versucht, den Rhythmus des Gedichts als Mitteilung und Ausdruck einer Bewegung zu benutzen, die durch die Unregelmäßigkeit des Versmaßes und des Strophenbaus gefasst und geformt wird, und diese Bewegung zu verbinden mit inhaltlichen Akzentsetzungen, mithin die Form als Ausdruck des mitzuteilenden Inhalts zu verstehen. Das zeigt sich auch an den Gegenbewegungen, die in dieses Gedicht eingebaut sind, etwa in der letzten Zeile der zweiten Strophe: »Leichten Hauptes und leichter Hände« – zwei Schwerpunktsetzungen, jeweils auf diesen beiden Bildern, ähnlich in der vierten Zeile der vierten Strophe: »Stummes Niederfallen ferner Sterne« – auch hier eine Art kontrapunktischen Anhaltens der Bewegung, ebenso in der vierten Zeile der fünften Strophe: »Schlanke Flamme oder schmale Leier«. Es handelt sich um Gegenbewegungen, die ein Innehalten mitteilen, eine Verbindung von Bewegtheit und Bewegung einerseits und Stillstand andererseits, wobei das Innehalten als Betonung, als Hervorhebung von inhaltlichen Schwerpunktsetzungen, aber auch als Gegenbewegung zum regulären Sprachgestus fungiert, etwa in der zweiten Zeile der vierten Strophe: »Kann ich nicht abtun von meinen Lidern« (ähnlich in der nächsten Zeile). Hier muss man das Metrum als Gegenarbeit verstehen, die von der Kunst gegen den Alltag der gesprochenen Sprache aufgeboten wird, eine Gegen*bewegung* sogar: Der Sprachgestus der Rhetorik wie der alltäglichen Rede wird konterkariert durch den Kunstgestus der Gedichtsprache.

Kein Reim, kein metrisches oder rhythmisches Gleichmaß lässt sich finden – und doch ein höchst artifizieller Sprachbau, den beispielsweise die Alliterationen, die Zischlaute *sch* und *st* oder in der dritten Strophe die Alliterationen durch das *l* generieren. So wird in dem Gedicht in den einzelnen Strophen ein Zusammenhang durch den sprachlichen Ausdruck hergestellt, durch Akzente, die kaum wahrnehmbar und doch wirksam sind. Ebenso zeigt sich eine Verdichtung durch den assonierenden Zeilenschlüssel wie in der fünften Strophe: formale Feinheiten, die Hofmannsthal kunstvoll bis zur Verwendung einzelner Vokale organisiert, etwa in der ersten Strophe, wo das *o* ein Leitmotiv bildet, in der dritten Strophe das lange *e* – Formen sehr feiner Verknüpfung, eine Art unsichtbarer, kaum hörbarer, kaum wahrnehmbarer Vernetzung von Sprachelementen. Sie stellen einen Zusammenhang her, doch einen eigengesetzlichen, nicht einen an Formtraditionen und Formzwänge gebundenen.[41]

Die Frage stellt sich aber: Wie steht diese Form zum Inhalt? Die Gegenwelt dieser Welt »drunten« ist die Welt »droben«, die Welt derer, die »bei dem Steuer wohnen«, die das Schiff lenken, die Schifffahrt als Metapher für die Lebensfahrt. Hier leben jene, die Macht haben. Es geht inhaltlich also um den Konflikt und die Differenz von Herrschenden und Unterdrückten. Die Herrschenden sind zugleich Sehende: Sie »kennen Vogelflug und die Länder der Sterne«, sie orientieren sich, wie im Alten Rom die Auguren, an den großen Prophezeiungen und den Weissagungen. In der zweiten Strophe wird eine Paraphrase dieser konfrontativen Konstellation ›oben–unten‹ vorgenommen, eine Paraphrase, eine Ausweitung der Sklavenmetapher, hin zu den Verstörungen des Menschen. Und wiederum sind die anderen hier, ihnen »sind die Stühle gerichtet / bei den Sibyllen, den Königinnen«. Auch hier aber findet sich nicht nur eine Paraphrase der ersten Strophe, sondern eine Erweiterung. Ihnen sind die Stühle »gerichtet«: Hier wird von Gefährdungen (›Richtstuhl‹) gesprochen. Eine

41 Eine eingehende Interpretation, die lange Jahre die Lektüre dieses Gedichtes unter formalen Aspekten geprägt hat, findet sich bei Wolfgang Kayser, *Das sprachliche Kunstwerk. Eine Einführung in die Literaturwissenschaft*, Bern/München [10]1964, S. 311–318.

Motivparallelität ergibt sich, die das Physische ins Psychische erweitert, erzielt durch die Doppeldeutigkeit des Erhoben- und Gerichtetseins. Es geht also nicht nur um ›oben‹ und ›unten‹, sondern zugleich um Bereiche eines Lebens, das in sich gefährdet ist. Diese Gefährdung wird in der dritten Strophe ausgeführt: »Doch ein Schatten fällt von jenen Leben« – das kann sich grammatisch nur beziehen auf die schweren Glieder, auf die ›drunten‹, die vorher genannt worden sind – »in die anderen Leben hinüber«: von jenen ›drunten‹ in das Leben derer ›droben‹. Es gibt also keine Gegensätze, die einfach nur eine Dichotomie darstellten, sondern beide Sphären verweisen aufeinander, auch durch das, was jeweils in ihnen an Gefährdungen enthalten ist. Die vierte Strophe führt das Motiv durch Pluralisierung in eine Verallgemeinerung über: »ganz vergessener Völker Müdigkeiten«. Müdigkeiten: darin steckt ein Moment der Zeit, der Geschichte – die Völker sind alt, sie sind müde geworden. Und es geht zugleich um eine Ortsbestimmung am Ende dieser Strophe: »Stummes Niederfallen ferner Sterne«. Die soziale Thematik wird überführt in eine historische Problematik, und diese wird geöffnet in eine universelle, nahezu mythische Dimension. Das lyrische Ich als erkennende und betroffene Instanz sieht sich ausdrücklich in diesen Prozess einbezogen: »Kann ich nicht abtun von meinen Lidern«.

Es ist eine Totalität der Daseinserfahrung, in die sich die soziale Frage bei Hofmannsthal hinein entwickelt: Raum und Zeit, Geschichte und Universum, Ich und All. Diesen Bezug führt die fünfte Strophe aus. Das Ich erscheint als Teil eines Daseinsgesetzes. Es geht hier um Vieldeutigkeit, die zugleich der Präzision dient. »Mein Teil ist …« – ein biblischer Anklang, ein intertextueller Bezug auf die Psalmen in der Bibel und auf den Psalter (Ps 16,5; Ps 73,26; Ps 142,6; Pred 3,22), der dort als Sicherheits- und Geborgenheitstopos verwendet wird. Bei Hofmannsthal ist dieser Trost gebrochen. Geborgenheit in den Formen des Lebens oder des Glaubens wird entgrenzt. »Mein Teil ist mehr als dieses Lebens / schlanke Flamme oder schmale Leier« – das heißt: Mein Teil ist mehr als die Ornamente dieser Zeit, mehr auch als das (Jugendstil-)Ornament der Kunst. Hierin zeigt sich eine Form uneigentlichen Sprechens, die positive Festlegungen verweigert: Die Uneigentlichkeit ist Ausdruck einer prinzipiellen Offenheit des poetischen Prozesses.

Damit lässt sich der Bogen zurückschlagen zur Forminterpretation, genauer: zu der Frage, warum dieses Gedicht eine nur schwer dechiffrierbare Formensprache besitzt. Wenn die Uneigentlichkeit des poetischen Sprechens Ausdruck der Offenheit des poetischen Prozesses ist, so muss sich diese Offenheit in der Bewegung des Gedichts mitteilen. Der Rhythmus des Gedichts mit seinen schwebenden, bewegenden, gefährdeten Elementen wie mit den Momenten des Einhaltens: all das ist Ausdruck der Bewegung des Lebens, die in die Bewegung des Gedichts aufgenommen ist und dort bewahrt wird. Es ist eine Form der Ungeborgenheit, die sich hier mitteilt, eine Formlosigkeit, die traditionsentzogen ist. Sie zeigt eine Art von Unbehaustheit, schwermütig, melancholisch. Aber Offenheit bedeutet auch: Möglichkeit. Es geht in diesem Gedicht nicht zuletzt um die Möglichkeit der Kunst, die Bewegung des Lebens in die Bewegung der poetischen Sprache aufzunehmen und damit die Schönheit der Kunst aufzubieten gegen die Vergänglichkeit des Lebens.

Man hat die Tatsache, dass Hugo von Hofmannsthal nur eine sehr kurze Phase der lyrischen Produktion durchlaufen hat, unter Berufung auf einen seiner bekanntesten Texte, den sogenannten *Chandos-Brief*, immer wieder mit einer ›Sprachkrise‹ des Dichters zu begründen versucht. Doch der junge Hofmannsthal schöpft seine Sprachzweifel nicht nur aus sich selber. Vielmehr haben wir es um 1900 mit einem generellen Bewusstsein einer Sprachkrise zu tun, das sich auch sprachphilosophisch niedergeschlagen hat.

Zu nennen ist hier vor allem Fritz Mauthner (1849–1923), der in den Jahren 1901/02 drei Bände unter dem Titel *Beiträge zur einer Kritik der Sprache* veröffentlicht hat, die philosophische Grundlegung des Sprachkrisenbewusstseins. Die Sprache wird von Mauthner als Handwerkszeug des Menschen charakterisiert, der damit aber weder die äußere Wirklichkeit noch seine eigenen Empfindungen tatsächlich auch erfassen könne, weil die Sprache als Instrument nur verfestigte Erinnerungen an Sinneseindrücke darstelle und deswegen zur Quelle von Irrtümern und Missverständnissen werde. Damit ist die Kritik an der Sprache zugleich ein hartes Urteil über die Abstraktionsleistung des Denkens: Alles Denken, alles Gefühl, das sich sprachlich äußert, ist eine Abstraktion, und als Abstraktion ist es nicht angemessen dem, was eigentlich Fühlen und Denken auszeichnet.

Auch wenn aber innerhalb der hier entworfenen Zeitkonstellation die Schreibgegenwart eines so hellsichtigen Autors wie Hugo von Hofmannsthal mitverhandelt wird, bleibt eine weitere Irritation durch den performativen Widerspruch des Textes. Denn die Klage über die Krise der Sprache im *Chandos-Brief* ist in einer meisterlichen Sprache gehalten, so kunstvoll wie elegant, so geschmeidig wie eloquent, voll abgründiger Szenen, prägnanter Bilder und spannungsreicher Metaphern. Auch deswegen haben sich Generationen von Literatur-, Geistes- und Kulturwissenschaftlern immer wieder mit ihm auseinandergesetzt. Der Hinweis auf diesen Widerspruch ist keineswegs nur ironisch gemeint. Wenn die Sprachkrise die Sprache generell erfasst hat, so ist doch der Status der Literatur nicht notwendig von ihr in der gleichen Weise betroffen wie die diskursive Sprache, es sei denn, Literatur transportierte deren Signifikate ungebrochen. Hofmannsthal gibt die Literatur denn auch nicht preis – er wechselt lediglich das Genre: von der Lyrik zum Drama, zum Libretto, zum Essay, zur Prosa.

Max Dauthendey, Richard Dehmel, Stefan Zweig, Christian Morgenstern

Dichtung verfügt über Möglichkeiten, der Sprachkrise Herr zu werden oder mit ihr zumindest umzugehen. Dazu gehört in der Geschichte der Literatur immer wieder auch der Versuch, die erkannte Krise in die Formen ihrer Bewältigung mit aufzunehmen, also die poetischen Prozesse auf ihre eigenen Verfahrensweisen hin durchsichtig zu machen. Die Sprachkrise der Moderne, deren Geschichte bereits Ende des 18. Jahrhunderts beginnt, und die bis heute andauernde Debatte über sie ist ohne jene Literatur nicht denkbar, die sich mit dem Phänomen der Krise produktiv auseinandersetzt, entschlossen – und übrigens auch in der Lage –, die erkannte Krise von Sprache und Schrift gleichsam homöopathisch zu therapieren und damit die Krisenphänomene in die Bearbeitung der Krise aufzunehmen.

Anhand von vier Beispielen aus der Lyrik der Jahrhundertwende lassen sich diese produktiven Möglichkeiten veranschaulichen. Zunächst ist hier Max Dauthendey (1867–1918) zu nennen, ein zu Unrecht fast vergessener Lyriker, zu Unrecht deswegen, weil Dauthendey in seinem umfangreichen lyrischen Werk (*Ultra-Violett*, 1893; *Reliquien*, 1899; *Die ewige Hochzeit*, 1905; *Singsangbuch*, 1907; *Lusamgärtlein*, 1909; *Die geflügelte Erde*, 1910) erfolgreich den Weg der poetischen Innovation, formaler Erneuerungen und perspektivischer Anregungen beschritten hat, die nicht nur zu seiner Zeit originell waren, sondern auch ein Eigenleben, eine eigene Substanz bewahrt haben. Dauthendey hat mit seinem Gedicht *Drinnen im Strauß* einen Eindruck von seiner Art hinterlassen, mit der Sprachkrise umzugehen:

Der Abendhimmel leuchtet wie ein Blumenstrauß,
Wie rosige Wicken und rosa Klee sehen die Wolken aus.
Den Strauß umschließen die grünen Bäume und Wiesen,

Und leicht schwebt über die goldene Helle
Des Mondes Sichel wie eine silberne Libelle.
Die Menschen aber gehen versunken tief drinnen im Strauß,
Wie die Käfer trunken und finden nicht mehr heraus.[42]

Ein Gedicht, das auf den ersten Blick naiv erscheint – der zweite Blick zeigt, wie doppelbödig es geformt ist. Zwar benutzt Dauthendey gängige lyrische Mittel wie den Reim oder Alliterationen, um sein kleines Wortgemälde zu erschaffen. Doch es handelt sich bei diesem um eine originäre synästhetische Wahrnehmung jenseits aller lyrischen Konventionen, ebenso abzulesen an der Verbindung der Farben des Himmels und des Blumenstraußes wie an dem Versuch, die Menschen in das Naturbild hineinzunehmen. Synästhesie in einem umfassenden Sinn dieses Wortes: Alle Lebewesen und alle Naturphänomene werden in eine einzige Wahrnehmung integriert, die mit Farben, mit Stimmungen und Gefühlen arbeitet und alles zusammen in ein umfassendes Bild kleidet: »drinnen im Strauß«. Hier wird nicht mit Sprache über Realität verfügt, sondern Dauthendey ist – darin ähnelt er Rilke – ein Wie-Dichter: Der Vergleich drückt zugleich eine Differenz aus. Er versucht nicht, Ungleiches gleich zu machen, sondern er lässt die unterschiedlichen Sphären, die er aufeinander bezieht, nebeneinander, in ihrer Differenz, bestehen. »Der Abendhimmel leuchtet <u>wie</u> ein Blumenstrauß, / <u>Wie</u> rosige Wicken und rosa Klee sehen die Wolken aus«, heißt es in der drittletzten Zeile: »Des Mondes Sichel <u>wie</u> eine silberne Libelle«, schließlich: die Menschen gehen »<u>Wie</u> die Käfer trunken«. Dieses Bild der Menschen, die nicht mehr herausfinden aus ihrer Blumenstrauß-Welt, ist neu. Es zeigt einen in sich geschlossenen Kosmos, den das lyrische Ich

42 Max Dauthendey, *Gesammelte Werke*, Tl. 4: *Lyrik und kleinere Versdichtungen*, München 1925, S. 318.

beobachten kann. Dieses steht zugleich innerhalb und außerhalb dieses in sich geschlossenen Kosmos, aus dem die Menschen nicht mehr herausfinden. Der Dichter wird zum Beobachter und Teilhaber in einer Person.

Richard Dehmel (1863–1920) – einer der großen Gegenspieler Georges, in persönlicher wie in poetischer Hinsicht, ein Programmatiker, der höchst gegensätzliche literarische Positionen (Naturalismus, Impressionismus, Symbolismus, Expressionismus) in sich verband, ein Kämpfer gegen bürgerliche Sexualmoral und für die Befreiung des Eros – ist eine weitere repräsentative Figur dieser Zeit, neben und nach George. Dehmel hat in seinem literarischen Werk (*Erlösungen*, 1891; *Aber die Liebe*, 1893; *Lebensblätter*, 1895; *Weib und Welt*, 1896; *Die Verwandlungen der Venus*, 1907; *Schöne wilde Welt*, 1913) vielfältige Formensprachen erprobt, von großen, traditionsgesättigten symbolischen Gedichten bis hin zur Alltagspoesie und zu Gebrauchsformen, auch kabarettistischer Art. Sein Gedicht *Denkzettel*, das 1891 den Gedichtband *Erlösungen* eröffnet, steht auch am Anfang der Werkausgabe von 1913. Es zeigt den Dichter als eine Figur des Literaturbetriebes, die sich direkt an den Leser adressiert, um deutlich zu machen, was Dichtung eigentlich sei und wie man sich zu ihr zu verhalten habe:

Denkzettel für den verehrten Leser

Verehrter Leser! Mensch! ich beschwör dich:
lies mich richtig, Mensch, oder scher dich!
Nämlich das Lesen von Gedichten
ist zwar sehr einfach zu verrichten,
aber gerade die einfachen Sachen
pflegt bekanntlich der Mensch sich schwer zu machen.
Vor allem: Such keinen »Grundgedanken«,
sonst kommen deine paar Sinne ins Wanken.
Will ich dir meine Gedanken reichen,
schreib ich Sprüche, Aufsätze und dergleichen.

Gedichte sind keine Abhandlungen;
meine Gedichte sind Seelenwandlungen.
Selbe vollziehen sich aus Gefühlen,
die den ganzen Menschen aufwühlen.
[…]
Drum, verehrter Leser, Mensch, ich beschwör dich
verdau mich ebenso! sonst scher dich!
Und verwirrt dich doch mal mein Gewühl,
so schieb's nur bitte aufs Grund*gefühl*!
Wie ich auch hier nur möglichst hold
einem törichten Ingrimm Luft machen wollt.[43]

Die Ansprache an den Leser ist zu Beginn rein rhetorisch gehalten, wird aber am Ende zurückbezogen auf das lyrische Ich, auf den Dichter nicht nur, sondern sogar auf die empirische Person des Autors, die ironisiert wird. Auf diese Weise nimmt das Gedicht den Gestus des Belehrens noch einmal zurück, ohne etwas in der Sache zurückzunehmen, eine Gebrauchsanweisung für die Lektüre von Lyrik, wie sie ein Jahrhundert später auf kongeniale Weise – rhetorisch und ironisch zugleich – Robert Gernhardt fortentwickelt hat. Bei Richard Dehmel handelt es sich um den Gestus eines Dichters, der sich in allen Bereichen der Lyrik souverän bewegte, der zu seiner Zeit hochberühmt war, doch gerade wegen seiner Formenvielfalt, wegen seines breiten Spektrums von Themen nicht die Substanz entwickelt hat, die George literaturgeschichtlich das Überleben sicherte. Nicht selten bedient sich Dehmel eines Formenrepertoires, das auch um 1900 schon verbraucht war, ohne dieses auf eine produktive Weise erneuern zu können.

Das gilt in vergleichbarer Weise auch für die Dichtung Stefan Zweigs (1881–1942), Autor der *Schachnovelle*, 1942

43 Richard Dehmel, *Gesammelte Werke in drei Bänden*, Berlin 1913, Bd. 1, S. 7.

unmittelbar vor seinem Tod fertiggestellt), ein bedeutender Biograph (u.a. *Joseph Fouché*, 1929; *Marie Antoinette*, 1932) und Essayist (*Sternstunden der Menschheit*, 1927), der in der Lyrik jedoch eher epigonalen Mustern folgte. In seinem Gedicht »Nocturno« hört man den seit Eichendorff bekannten spätromantischen Ton einer überkommenen Lyriktradition, gegen den sich schon Heinrich Heine mit kunstvoll parodistischen Mitteln gewandt hatte:

Nocturno

Siehe die Nacht hat silberne Saiten
In die träumenden Saaten gespannt!
Weiche, verzitternde Klänge gleiten
Über das selig atmende Land
Fern hin in schimmernde Weiten.

Sanft wie eine segnende Hand
Tönt und vertönt ihre Weise
Leise ... so leise ... so leise ...

Und die Seele hebt ihre Schwingen
– Silberne Klänge sind ihre Flügel –
weit über duftumsponnene Hügel
Durch der Täler verdämmernden Schein
Schwebt auf sie auf sehnsuchtgewiesener Reise
Still ins strömende Mondlicht hinein ...[44]

Ganz anders verhält es sich beim Autor der *Galgenlieder*-Gedichte, Christian Morgenstern (1871–1914), der wohl am konsequentesten versucht hat, die erfahrene, reflektierte Sprachkrise dieser Zeit produktiv in seine Lyrik aufzunehmen. Die *Galgenlieder* sind eine Sammlung von Gedichten, die zuerst 1905 erschienen, später in erweiterten

44 Stefan Zweig, *Silberne Saiten. Gedichte und Nachdichtungen*, hrsg. von Richard Friedenthal. Frankfurt a.M. 1966, S.20.

Auflagen immer wieder neu aufgelegt wurden, ergänzt, zum Teil postum, um andere Gedichtsammlungen, darunter *Palmström* (1910), *Palma Kunkel* (1916) und *Der Gingganz* (1919). Die Sammlung der *Galgenlieder* enthält mit *Das große Lalulā* jenes Gedicht, das auch heutigen Interpreten noch erhebliche Rätsel aufgibt:

Kroklokwafzi? Sem̄em̄emi!
Seiokrontro – prafriplo:
Bifzi, bafzi; hulalem̄i:
quasti bast bo...
Lalu lalu lalu lalu la!

[...]

Simarar kos malzipempu
silzuzankunkrei (;)!
Marjomar dos: Quempu Lempu
Siri Suri Sei [ ]
Lalu lalu lalu lalu la![45]

Der Text ist ein Gebilde, das fraglos alle Merkmale eines konventionellen Gedichts aufweist. Es hat eine Überschrift, die man leicht verstehen kann. Die Überschrift nimmt ein Motiv des Gedichts auf, das leitmotivisch wieder erscheint, eben das »Lalula«. An der Wiederholung wird deutlich, dass es sich tatsächlich um ein »großes« Lalula handelt (und nicht um ein ›kleines‹). Das Gedicht beginnt mit zwei starken Akzenten: einer Frage und einer Antwort, die durch ein Ausrufungszeichen unterstrichen wird. Das Gedicht enthält Reime, dazu ein bestimmtes Reimschema, das durchaus vertraut ist: *a b a b*. Dieses Schema wird streng durchgehalten und gilt für alle drei Strophen. Insofern weist das Gedicht alle Formen, Zeichen und Elemente auf, die Lyrik traditionell kennzeichnen.

45 Christian Morgenstern, *Gesammelte Werke in einem Band*, Stuttgart/Zürich/Salzburg [o.J.], S. 226.

Man hat sich verschiedentlich gefragt, was es mit dem Inhalt auf sich habe. Und man hat sich gelegentlich daran gemacht, diesen Inhalt zu entziffern. Der hier zur Verfügung stehende Raum reicht nicht aus, zu zitieren, welche Vorschläge zur Entzifferung des Gedichts es bereits gegeben hat. Der interessanteste Vorschlag stammt von einem Philologen namens Jeremias Müller, der mit allem Scharfsinn und großer Überzeugungskraft nachgewiesen hat, dass es sich um eine Schachpartie handele – eine völlig überzeugende Deutungsmöglichkeit, wenn man einmal davon absieht, dass jener Jeremias Müller am Ende seine eigene Deutung der Lächerlichkeit preisgibt.[46] Hinter Jeremias Müller verbirgt sich niemand anderer als der Autor Christian Morgenstern selber, der seine eigenen Argumente zunächst entwickelt und begründet, um sie in einem zweiten Schritt zu unterminieren und am Ende ganz zurückzunehmen (»sapienti sat«).

Dies lässt sich in vergleichbarer Weise von dem Gedicht *Fisches Nachtgesang* sagen:[47]

Fisches Nachtgesang

—
◡ ◡
— — —
◡ ◡ ◡ ◡
— — —
◡ ◡ ◡ ◡
— — —
◡ ◡ ◡ ◡
— — —
◡ ◡ ◡ ◡
— — —
◡ ◡
—

46 Vgl. ebd., S. 226 f.
47 Ebd., S. 225.

Das große Lalulā hat seine formale Radikalität im Ton wie in der Form der Mitteilung, *Fisches Nachtgesang* hat seine formale Radikalität im Bildlichen, als ikonographische Darstellung. Der Autor hat es einmal als »das tiefste deutsche Gedicht«[48] bezeichnet. Wenn man das Gedicht quer hält, handelt es sich um einen Fisch. Man kann die Überschrift auch als Schwanzflosse oder die Bögen als Schuppen des Fischkleides oder als Luftblasen sehen. Doch inhaltliche Deutungen lässt auch dieses Gedicht ins Leere laufen.

Beide Gedichte sind Ausdruck eines grundlegenden semiologischen Problems, nämlich des Unterschiedes zwischen Signifikant und Signifikat, die gerade aufgrund ihrer Differenz miteinander ins Spiel gebracht werden können. Beide Gedichte zeigen das Spiel zwischen Signifikant (das Bezeichnende) und Signifikat (das Bezeichnete) als ein Spiel, in dem es Widersprüche und Spannungen gibt. Sie nehmen dieses Problem in ihrer Formensprache auf. Es handelt sich um eine Inhaltsleere, die in Form eines Zeichenspiels, eines Spiels der semiotischen Sprachzeichen stattfindet. Virtuos wird Inhaltliches auf der Metaebene der Formensprache ausgedrückt. Dieses Zeichenspiel ist als Spiel nicht inhaltsleer, sondern es verweist auf die kraftlos gewordene Sprache, die in der Differenz von Signifikant und Signifikat erkennbar wird. Beides, Form und Inhalt, wird aufgehoben im ›reinen‹ Gedicht. Beide Gedichte sind ›reine‹ Gedichte, weil sich in ihnen das Problem der inhaltlichen Mitteilung nicht mehr stellt. Radikaler kann man im Zeichen der Sprachkrise poetisch kaum verfahren.

48 Ebd.

2 Lyrik des Expressionismus

Das expressionistische Jahrzehnt

Selten nur lässt sich eine Epoche der Lyrik auf den Zeitraum eines Jahrzehnts eingrenzen, doch für den Expressionismus erscheint diese zeitliche Gliederung legitim. Der Zeitraum von 1910 bis 1920 repräsentiert eine in sich relativ geschlossene Epoche, in der es zugleich um die Wahrnehmung der Wirklichkeit und den Umgang mit ihr wie um den Ausdruck dieses Wirklichkeitsverhältnisses und die ihm entsprechende Formensprache geht. Nicht nur die Dichtung, sondern auch die Malerei und ebenso der Film, vor allem der deutsche expressionistische Film (*Das Kabinett des Dr. Caligari*; *Metropolis*; *Die freudlose Gasse*), der zum Teil aus Elementen der expressionistischen Malerei sein Interieur und seine Mise-en-scène gewonnen hat, weisen der Literatur verwandte Züge auf. In der Malerei wie im Film zeigt die Einrichtung der Räume stark verzerrte Perspektiven, die vom Kubismus beeinflusst sind, Hell-Dunkel-Effekte, Spiele mit dem Licht – Versuche, die Seele einer Zeit in Bildern einzufangen, wie sie auch die Dichtung unternimmt.

Innerhalb der expressionistischen Dichtung ist die Lyrik die dominante Gattung. An ihrem Anfang stehen zwei Gedichte, an ihrem Ende eine Anthologie, die *Menschheitsdämmerung*, von Kurt Pinthus herausgegeben und 1920 bei Rowohlt in Berlin erschienen. Pinthus hat die bedeutendsten Lyriker der Dekade von 1910 bis 1920 in dem Band versammelt: Johannes R. Becher (1891–1958), Gottfried Benn (1886–1956), Theodor Däubler (1876–1934), Albert Ehrenstein (1886–1950), Yvan Goll (1891–1950), Walter Hasenclever (1890–1940), Kurt Heinicke (1891–1985), Georg Heym (1887–1912), Jakob van Hoddis (1887–1942), Wilhelm Klemm (1881–1968), Else Lasker-Schüler

(1869–1945), Rudolf Leonhard (1889–1953), Alfred Lichtenstein (1889–1914), Ernst-Wilhelm Lotz (1890–1914), Karl Otten (1889–1963), Ludwig Rubiner (1881–1920), René Schickele (1883–1940), Ernst Stadler (1883–1914), August Stramm (1874–1915), Georg Trakl (1887–1914), Franz Werfel (1890–1945), Alfred Wolfenstein (1883–1945) und Paul Zech (1881–1946). Trotz der großen Nähe zu den Autoren und den Publikationszeiten und -orten hat Kurt Pinthus glänzend ausgewählt. Alles Repräsentative, alles Wichtige findet sich hier vereint. Der Herausgeber hat, etwas gewaltsam und doch nicht unberechtigt, die Fülle der Gedichte in vier ›expressionistische‹ Abteilungen unterteilt: *Sturz und Schrei*; *Erweckung des Herzens*; *Aufruf und Empörung*; *Liebe den Menschen*. Damit schöpft er annähernd das gesamte Ausdrucksarsenal aus, das die expressionistische Lyrik kennzeichnet.

Ein berühmt gewordenes Gedicht von Jakob van Hoddis (1887–1942) eröffnet den Band. Das Gedicht trägt einen programmatischen Titel und gibt auf eine frappante Weise den Blick frei auf ein Pandämonium der bürgerlichen Welt, kurz vor ihrer Zerstörung:

Weltende

Dem Bürger fliegt vom spitzen Kopf der Hut,
In allen Lüften hallt es wie Geschrei,
Dachdecker stürzen ab und gehn entzwei.
Und an den Küsten – liest man – steigt die Flut.

Der Sturm ist da, die wilden Meere hupfen
An Land, um dicke Dämme zu zerdrücken.
Die meisten Menschen haben einen Schnupfen.
Die Eisenbahnen fallen von den Brücken.[1]

1 Jakob van Hoddis, *Weltende. Gesammelte Dichtungen*, hrsg. von Paul Pörtner, Zürich 1958, S. 28.

Das war revolutionär. Johannes R. Becher hat eingeräumt, dass seine eigene »poetische Kraft« nicht ausreiche, »um die Wirkung jenes Gedichts« wiederzugeben: »Diese zwei Strophen, o diese acht Zeilen schienen uns in andere Menschen verwandelt zu haben, uns emporgehoben zu haben aus einer Welt stumpfer Bürgerlichkeit, die wir verachteten und von der wir nicht wußten, wie wir sie verlassen konnten. Diese acht Zeilen entführten uns.«[2] *Weltende*: das war eine Krisenbeschreibung der bürgerlichen Welt und ihrer Wahrnehmungsformen, im Straßenjargon gehalten, alltägliche Bilder ohne poetische Tiefendimension, drastische Alliterationen, die gegen das Kunstmittel der Alliteration selber zu protestieren scheinen (»dicke Dämme«). Die Massenmedien, auch das ist im Gedicht nicht üblich, werden zitiert, distanzierte Erfahrung aus zweiter Hand (»liest man«). Daneben finden sich Formen einer bewusst eingesetzten sprachlichen Unangemessenheit (»die wilden Meere hupfen / An Land«), kalkulierte Inkongruenzen, die zum Teil im Reim aufgenommen (»hupfen« / »Schnupfen«), zum Teil inhaltlich lanciert werden (»stürzen ab und gehn entzwei«, »fallen von den Brücken«). Den Unfällen und Zusammenbrüchen des Lebens wird auf diese Weise alles Tragische genommen. Zudem wird parataktisch gesprochen, aufgezählt, Hauptsatz an Hauptsatz gereiht. Alles ist gleichrangig, gleichwertig, gleich wichtig und damit auch gleich nichtig. Alle Tragik ist banal, und alles Geschehen liegt auf der Oberfläche der Erscheinungsformen zu Tage. Der poetische Selbstwiderspruch zu dieser Weltsicht besteht freilich darin, dass der apokalyptische Inhalt dieses Gedichts sorgfältig gereimt und in Strophen gefügt ist und einen eingängigen, regelmäßigen Rhythmus besitzt, die Verstörung also nicht auch in eine verstörende Form aufgenommen worden ist. Das »Weltende« wird vielmehr vorgeführt in einer Form, die der Bürger, gegen den das

2 Johannes R. Becher, *Lyrik Prosa Dokumente*, Wiesbaden 1965, S. 5.

Gedicht sich richtet, versteht und verstehen kann. Insofern wird hier eine Art Kassiber geschmuggelt. Der subversiv-revolutionäre Inhalt findet sich in einer Verpackung, die seit langem bekannt ist. Diesen Widerspruch kann man nicht auflösen, man muss ihn zur Kenntnis nehmen.

Ein weiteres exemplarisches Gedicht, das sich am Anfang des expressionistischen Jahrzehnts findet, stammt von Alfred Lichtenstein (1889–1914):

Die Dämmerung

Ein dicker Junge spielt mit einem Teich.
Der Wind hat sich in einem Baum gefangen.
Der Himmel sieht verbummelt aus und bleich,
Als wäre ihm die Schminke ausgegangen.

Auf lange Krücken schief herabgebückt
Und schwatzend kriechen auf dem Feld zwei Lahme.
Ein blonder Dichter wird vielleicht verrückt.
Ein Pferdchen stolpert über eine Dame.

An einem Fenster klebt ein fetter Mann.
Ein Jüngling will ein weiches Weib besuchen.
Ein grauer Clown zieht sich die Stiefel an.
Ein Kinderwagen schreit und Hunde fluchen.[3]

Das Gedicht ist *Weltende* verwandt, diesem vergleichbar vor allem in der rabiaten Art, mit den Dingen der alltäglichen bürgerlichen Welt umzugehen, sie in ihrer Hässlichkeit zu zeigen und in ihrer Oberflächlichkeit bloßzustellen. Auch dieses Gedicht ist in einem expressionistischen Zeilenstil gehalten: parataktisch gebaut mit nur einem En-

3 Alfred Lichtenstein, *Gesammelte Gedichte*, hrsg. von Klaus Kanzog, Zürich 1962, S. 44.

jambement in der zweiten Strophe (zwischen Zeile eins und zwei) und einem einzigen zeilenübergreifenden Satz in Strophe eins (Zeile drei und vier). Im Übrigen zeigt sich ein reines Nebeneinander von Einzelphänomenen, organisiert als eine additive Reihung von Wahrnehmungen und Sinneseindrücken. Auch hier findet sich Banalität gegen Erhabenheit, Lächerlichkeit gegen Tragik gesetzt. Im Verhältnis von Mensch und Natur wirkt der Mensch so ridikül, wie die Natur vermenschlicht wird: lächerlich und banal, eine Maskerade und schäbiges Theater. Verschiebungen, Verfremdungen und Vertauschungen von traditionell überlieferten Bedeutungen und Qualitäten werden durchgeführt. »Ein dicker Junge« spielt nicht *in* oder *an* einem Teich, sondern »mit einem Teich« – der Teich als Spielzeug, pars pro toto für die dem Menschen verfügbare Natur. Metonymien (»Ein Kinderwagen schreit«) schaffen eine Atmosphäre der Verdinglichung, die den Gegenständen zu einer eigenständigen Aussage und Handlungsfähigkeit verhilft. Die Ich-Erschütterung um diese Zeit erscheint als Ich-Entmächtigung – auch eine Art Weltende.

Die Tiefendimension dieser beiden Gedichte am Anfang des expressionistischen Jahrzehnts besteht darin, dass sie allen Phänomenen die Tiefe entzogen, dass sie alles an die sprachliche Oberfläche gezogen haben. Es handelt sich um eine Montage des Ungleichzeitigen in Form von Wahrnehmungen und Sinneseindrücken, die gleichrangig nebeneinandergestellt werden und sich hierdurch aller Deutung entziehen. Damit ist eine wichtige Gemeinsamkeit des Expressionismus angedeutet. Seine Voraussetzung ist zu einem guten Teil der Ennui, die Langeweile, der Weltekel, Ausdruck der Einsicht: Es ist kein Sinn im Leben. Die bürgerliche Welt erscheint saturiert und öde. Das Streben nach Besitz und Gewinn geht einher mit dem Verlust von Sinn, der auf neue Sinnstiftung drängt – und sei es die des Krieges, zu der sich Georg Heym (1887–1912) in seinen Tagebüchern bekennt: »Es ist immer das gleiche. So langweilig,

langweilig, langweilig. Es geschieht nichts, nichts, nichts. Geschähe doch einmal etwas. Würden einmal wieder Barrikaden gebaut. Ich wäre der erste, der sich darauf stellte. Ich wollte noch mit der Kugel im Herzen den Rausch der Begeisterung spüren. Oder sei es auch nur, daß man einen Krieg begänne, er kann ungerecht sein. Dieser Frieden ist so faul ölig und schmierig wie eine Leimpolitur auf alten Möbeln.«[4] Diese Stimmung einer »transzendentalen Obdachlosigkeit« (Georg Lukács)[5] mündet in die Destruktion aller überkommenen Werte und in die Auflösung der Traditionen.

Eine Katastrophenerfahrung bietet die Wahrnehmung der großen Stadt, die sich in zahlreichen Gedichten ihren Ausdruck gesucht hat.[6] Die Sprache wird als eine Möglichkeit verstanden, ihrer Zeit Ausdruck zu geben, als Kritik ihrer Zeit wie als Beschreibung von Abgründen, die sich nicht erklären oder mit Sinn füllen lassen. Besteht die Gemeinsamkeit der Gedichte von Hoddis und Lichtenstein vor allem im Ekel, im Überdruss, in der Langeweile an der bürgerlichen Welt, ein Zeitekel, der mit Ironie, Sarkasmus und Aggressivität einhergeht, so treten in Georg Heyms berühmtem Gedicht *Der Gott der Stadt* bereits neue Visionen und Wahrnehmungsformen hervor:

> Auf einem Häuserblocke sitzt er breit.
> Die Winde lagern schwarz in seine Stirn.
> Er schaut voll Wut, wo fern in Einsamkeit
> Die letzten Häuser in das Land verirrn.

4 Georg Heym, *Dichtungen und Schriften*, hrsg. von Karl Ludwig Schneider, Hamburg/München 1960ff., Bd. 3, S. 135.

5 Georg Lukács, *Die Theorie des Romans. Ein geschichtsphilosophischer Versuch über die Formen der großen Epik* (1916), Darmstadt/Neuwied 1971, S. 32.

6 Vgl. hierzu den Band *Großstadtlyrik*, hrsg. von Waltraud Wende, Stuttgart 1999.

Vom Abend glänzt der rote Bauch dem Baal.
Die großen Städte knien um ihn her.
Der Kirchenglocken ungeheure Zahl
Wogt auf zu ihm aus schwarzer Türme Meer.

Wie Korybanten-Tanz dröhnt die Musik
Der Millionen durch die Straßen laut.
Der Schlote Rauch, die Wolken der Fabrik
Ziehn auf zu ihm, wie Duft von Weihrauch blaut.

Das Wetter schwelt in seinen Augenbrauen.
Der dunkle Abend wird in Nacht betäubt.
Die Stürme flattern, die wie Geier schauen
Von seinem Haupthaar, das im Zorne sträubt.

Er streckt ins Dunkel seine Fleischerfaust.
Er schüttelt sie. Ein Meer von Feuer jagt
Durch eine Straße. Und der Glutqualm braust
Und frißt sie auf, bis spät der Morgen tagt.[7]

Dunkel, Endzeit, Nacht, Schwärze und blutiges Rot – diese Farbcharakteristika sind repräsentativ für jene Gruppe von expressionistischen Gedichten, die sich mit dem Sujet Großstadt befassen. Vorausgegangen waren ihnen zum einen die um 1900 entstehenden *Phantasus*-Dichtungen von Arno Holz, zum anderen Gedichtsammlungen aus dem Umkreis des Naturalismus, so die Anthologien *Großstadtlyrik* (1903), die auch Texte von Stefan George, Hugo von Hofmannsthal, Rainer Maria Rilke und Detlev von Liliencron enthält, und *Im steinernen Meer* (1910), eine explizit soziologisch und sozialkritisch inspirierte Auswahl. Schon hier verbindet sich die zivilisationskritisch und technikfeindlich akzentuierte Antibürgerlichkeit mit einer prononcierten Großstadtthematik, auch hier findet sich das

7 Ebd., S. 77 f.

Phänomen der Anthropomorphisierung. »Der Gott der Stadt« wird als ein vermenschlichter Gott gesehen. Es handelt sich um die visionäre Beschwörung eines Gottes, der eher ein Dämon ist, eine Allegorie der Bedrohung, die mit der großen Stadt über die Menschen gekommen ist, und zugleich um die poetische Bannung einer mythischen Figur, die zeitenüberdauernde Qualitäten besitzt. Die poetischen Mittel, die hier eingesetzt werden, sind – im Unterschied zu van Hoddis – von einer großen Intensität, etwa der Farbigkeit (Schwarz, Rot, Blau), auch werden Schattierungen ins Dunkle (Grau) wahrgenommen. Es findet sich eine neue Bildlichkeit (»Die Winde lagern schwarz um seine Stirn«), die einen reizvollen Widerspruch vermittelt (»Wind«, also Bewegung, versus »lagern«, also Ruhe). Ebenso wird eine neue Lautlichkeit entwickelt (»Wie Korybanten-Tanz dröhnt die Musik«), mit der sich der Tanz der Priester der Muttergöttin Kybele zum Tanz der Menschen in der großen Stadt verändert. Mit den großen Städten, mit den Massen in der modernen Stadt, mit ihren Geräuschkulissen, ihren rhythmischen und tonalen Dimensionen entsteht eine neue Sinnlichkeit (»Feuer«, »Glut«, »Qualm«, »der Schlote Rauch«) und ein neues Zeitgefühl. Es ist eine Endzeit, die auch in diesem Gedicht beschworen wird, ein Weltende vor der Dämmerung, eingefangen in einem Gedicht aus dem Zeitalter der Industrialisierung. Und wiederum, wie bei van Hoddis und Lichtenstein, sind Metrum, Reim und Strophenform konventionell erhalten.

Ein weiterer, wichtiger Aspekt der expressionistischen Dichtung ist der einer Ästhetik des Hässlichen. Sie findet sich in einer Lyrik, die den Mut hat, die Verwerfungen und Verzerrungen, Entstellungen und Krankheiten ihrer Zeit wahrzunehmen und aufzuzeichnen. Einer der Autoren, die solche poetischen Vivisektionen mit kühlem Zugriff geleistet haben, ist der Berliner Hautarzt Gottfried Benn (1886–1956). Benn gehört zu den frühen Mitarbeitern der Zeitschrift *Sturm*, auch er ist aufgenommen worden in Kurt

Pinthus' *Menschheitsdämmerung* und hat 1912 seinen ersten Gedichtband, *Morgue*, veröffentlicht. Ein junger Autor im Alter von etwa 25 Jahren nimmt in seiner Lyrik etwas wahr und findet dafür eine Sprache, was vorher so nicht gesehen, geschweige ausgedrückt werden konnte:

Kleine Aster

Ein ersoffener Bierfahrer wurde auf den Tisch gestemmt.
Irgendeiner hatte ihm eine dunkelhellila Aster
zwischen die Zähne geklemmt.
Als ich von der Brust aus
unter der Haut
mit einem langen Messer
Zunge und Gaumen herausschnitt,
muß ich sie angestoßen haben, denn sie glitt
in das nebenliegende Gehirn.
Ich packte sie ihm in die Brusthöhle
zwischen die Holzwolle,
als man zunähte.
Trinke dich satt in deiner Vase!
Ruhe sanft,
kleine Aster![8]

Rücksichtslos wird der Vorhang weggerissen von all dem, was ›Verklärung des Lebens‹ oder ›Schönheit des Gedichts‹ heißen könnte. Hier wird eine Szenerie – die der Anatomie – eröffnet, die bis dahin nicht Literatur geworden war, eine Szenerie, in der buchstäblich beschrieben wird, wie man einen Leichnam seziert. Der Mensch: ein toter Gegenstand, nutzlos, allenfalls noch interessant als Untersuchungsobjekt für die Pathologie. Die Sprache be-

8 Gottfried Benn, *Gesammelte Werke*, hrsg. von Dieter Wellershoff, Bd. 1: *Gedichte*, Wiesbaden 1960, S. 7.

steht aus Wörtern des Straßenjargons, aus Begrifflichkeiten und Verben, die man in der deutschsprachigen Lyrik bis zum Ende des 19. Jahrhunderts nicht findet. Hier werden sie bewusst zur Destruktion eines saturierten, bürgerlichen Weltgefühls eingesetzt, eine Intention, der auch die Preisgabe vertrauter Reimkonventionen entspricht. Zwar finden sich noch Anflüge von Reim, doch handelt es sich im Grunde um Reimparodien, die spielerisch fast – und zwar gegen die Tendenz des Reims, Einheit, Gleichmaß oder Harmonie zu stiften – rhythmisch verschoben werden (»herausschnitt« / »denn sie glitt«). Auch das Metrum und der unregelmäßige Rhythmus der einzelnen Zeilen lassen sich kaum mehr als Einheit verstehen. Es geht dem Expressionisten Benn um eine ebenso illusions- wie schonungslose Präzision bei der Wahrnehmung von Wirklichkeitseindrücken, vergleichbar dem Gedicht *Mann und Frau gehn durch die Krebsbaracke*:

Der Mann:
Hier diese Reihe sind zerfallene Schöße
und diese Reihe ist zerfallene Brust.
Bett stinkt bei Bett. Die Schwestern wechseln stündlich.

Komm, hebe ruhig diese Decke auf.
Sieh, dieser Klumpen Fett und faule Säfte,
das war einst irgendeinem Mann groß
und hieß auch Rausch und Heimat.

Komm, sieh auf diese Narbe an der Brust.
Fühlst du den Rosenkranz von weichen Knoten?
Fühl ruhig hin. Das Fleisch ist weich und schmerzt nicht.

[…][9]

9 Ebd., S. 14 f.

Ein Mann zeigt einer Frau – womöglich ein Arzt einer Krankenschwester oder einer Kollegin – eine Sammlung von Kranken, die nur mehr vegetieren, ›Fleischklumpen‹ in einer entsetzlichen, tödlichen Form. Es handelt sich um eine personale, vielleicht erotische Konstellation, die einem virtuell letalen Stadium ihres eigenen Daseins konfrontiert wird, ein vorausschauender Entwurf der Zukunft dieser Frau und dieses Mannes, eingefangen in knappen, parataktischen Satzsegmenten, die Beobachtungen nach Art einer Montage aneinanderfügen. In vergleichbarer Weise wird in Benns Gedicht *Nachtcafé* menschliche Komplexität auf äußere, körperliche Merkmale reduziert, die das Personal wie in einem Gemälde von Otto Dix oder Georges Grosz als Karikatur erscheinen lassen:

Nachtcafé

824: Der Frauen Liebe und Leben.
Das Cello trinkt rasch mal. Die Flöte
rülpst tief drei Takte lang: das schöne Abendbrot.
Die Trommel liest den Kriminalroman zu Ende.

Grüne Zähne, Pickel im Gesicht
winkt einer Lidrandentzündung.

Fett im Haar
spricht zu offenem Mund mit Rachenmandel
Glaube Liebe Hoffnung um den Hals.

Junger Kropf ist Sattelnase gut.
Er bezahlt für sie drei Biere.

Bartflechte kauft Nelken,
Doppelkinn zu erweichen.

B-moll: die 35. Sonate.
Zwei Augen brüllen auf:
Spritzt nicht das Blut von Chopin in den Saal,
damit das Pack drauf rumlatscht!
Schluß! He, Gigi! –

Die Tür fließt hin: Ein Weib.
Wüste ausgedörrt. Kanaanitisch braun.
Keusch. Höhlenreich. Ein Duft kommt mit. Kaum Duft.
Es ist nur eine süße Vorwölbung der Luft
gegen mein Gehirn.

Eine Fettleibigkeit trippelt hinterher.[10]

Benn benutzt in diesem 1912 entstandenen Gedicht die Form der Montage, um eine Caféhaus-Atmosphäre zu evozieren, die sich aus Ziffern und Zahlen zusammensetzt, aus körperlichen Merkmalen und beruflichen Funktionen, Ausdruck einer Ästhetik des Hässlichen, in der es zum Zusammenprall von unterschiedlichen Traditionen, Herkünften und Bildungsformen kommt. Der junge Benn ist der Vivisekteur unter den Expressionisten. Er hat seiner Zeit mit seiner expressionistischen Lyrik (*Morgue*, 1912; *Söhne*, 1913; *Fleisch*, 1917; *Spaltung*, 1925) die Maske der traditionellen Formensprache unbarmherzig und unnachgiebig vom Gesicht gerissen und sie auf diese Weise mit sich selber konfrontiert, ohne ihr die Möglichkeit einzuräumen, sich vor sich selber zu verstecken.

Was daran als ›Verfalls‹ Erscheinung wirken mag – eine der gängigen literarhistorischen Verdammungsvokabeln aus der »Expressionismusdebatte«[11] –, ist nicht ein ›Verfall‹ der Dichtung, sondern allenfalls Ausdruck einer Zeit des

10 Ebd., S. 18 f.
11 Vgl. *Die Expressionismusdebatte*, hrsg. von Hans Jürgen Schmitt, Frankfurt a. M. 1976.

›Verfalls‹. Deshalb ist ebenso abwegig, Benn als einen ›Verfallsdichter‹ zu bezeichnen, wie den ihm ebenbürtigen Georg Trakl (1887–1914; *Gedichte*, 1913; *Sebastian im Traum*, 1915; *Die Dichtungen*, 1920):

Verfall

Am Abend, wenn die Glocken Frieden läuten,
Folg ich der Vögel wundervollen Flügen,
Die lang geschart, gleich frommen Pilgerzügen,
Entschwinden in den herbstlich klaren Weiten.

Hinwandelnd durch den dämmervollen Garten
Träum ich nach ihren helleren Geschicken
Und fühl der Stunden Weiser kaum mehr rücken.
So folg ich über Wolken ihren Fahrten.

Da macht ein Hauch mich von Verfall erzittern.
Die Amsel klagt in den entlaubten Zweigen.
Es schwankt der rote Wein an rostigen Gittern,

Indes wie blasser Kinder Todesreigen
Um dunkle Brunnenränder, die verwittern,
Im Wind sich fröstelnd blaue Astern neigen.[12]

Ein klassisch gebautes Sonett: Metrum, Reim, Formtradition sind streng gewahrt. Eine Atmosphäre der Ruhe, des Friedens, des Einklangs ist den beiden ersten Strophen ablesbar: Dämmerung, Wolken – eingebracht in ein Bild der Entspannung. Dann plötzlich bricht in den beiden Terzetten ein »Hauch von Verfall« in diese heile Welt ein. Die Bildersprache verändert sich, »entlaubte Zweige« und

12 Georg Trakl, *Gedichte Dramenfragmente Briefe*, hrsg. von Franz Fühmann, Leipzig 1981, S. 54.

»rostige Gitter« treten ins Bild, ein »Todesreigen« kommt ins Spiel – die Wahrnehmung des lyrischen Ich gilt einer Welt, in der sich die Verfalls-Bewegung wie bei dem frühen Anzeichen eines Erdbebens bemerkbar machen. Die poetische Wahrnehmung wird zum Seismographen der Atmosphäre und der Stimmung einer Zeit. Der Schrecken, dem das ›Erzittern‹ folgt, erscheint in diesem Gedicht freilich noch gebändigt, gemildert durch die Form des Sonetts. In der zweiten Fassung seines Gedichts *Grodek* hat Trakl selbst diesen Trost durch Form verweigert:

Am Abend tönen die herbstlichen Wälder
Von tödlichen Waffen, die goldnen Ebenen
Und blauen Seen, darüber die Sonne
Düstrer hinrollt; umfängt die Nacht
Sterbende Krieger, die wilde Klage
Ihrer zerbrochenen Münder.
Doch stille sammelt im Weidengrund
Rotes Gewölk, darin ein zürnender Gott wohnt
Das vergoßne Blut sich, mondne Kühle;
Alle Straßen münden in schwarze Verwesung.
Unter goldnem Gezweig der Nacht und Sternen
Es schwankt der Schwester Schatten durch den schweigenden Hain,
Zu grüßen die Geister der Helden, die blutenden Häupter;
Und leise tönen im Rohr die dunkeln Flöten des Herbstes.
O stolzere Trauer! ihr ehernen Altäre,
Die heiße Flamme des Geistes nährt heute ein gewaltiger Schmerz,
Die ungebornen Enkel.[13]

13 Ebd., S. 144.

Dieses Gedicht stammt aus der Zeit des Ersten Weltkriegs, aus der Zeit der Schlacht bei der polnischen Stadt Gródec (13. Oktober 1914). Georg Trakl war Soldat geworden, doch man erkannte rasch, dass man es mit einem hochlabilen, drogenabhängigen, schizophrenen oder doch schizoiden Soldaten zu tun hatte, der ins Lazarett gehörte, nicht in den Kampf. Wenige Wochen nach jener Schlacht ist Trakl in diesem Lazarett gestorben, vermutlich aufgrund einer Selbstvergiftung durch Kokain. Trakl hatte gelitten unter der einzigen Liebe seines Lebens, der inzestuösen Verbindung zu seiner Schwester. Die Schwester ist – wie in so vielen Gedichten Trakls – auch hier gegenwärtig, als »Schatten«, als Sehnsuchts-, vielleicht als Schuldmotiv, das den Dichter in seinen »schweigenden Hain« bannt. Das Gedicht *Grodek* – das letzte, das Trakl geschrieben hat – zeugt noch von der Spur dieser inzestuösen Verbindung.

Trakl verbindet hier Materialien und Eindrücke, die bereits in dem Gedicht *Verfall* anklangen, auf eine Weise, die, der Formzwänge des Sonetts ledig, sich ganz dem Rhythmus des Verfalls hingibt. Das Leiden, das Grauen werden nicht beschrieben, sondern in ein Bild gefasst, das allein durch die Konzentriertheit seiner Bildlichkeit spricht: »Alle Straßen münden in schwarze Verwesung«. Am Ende steht der Schmerz, der aus dem Wissen um die ungeborenen Enkel entsteht. Aus der inzestuösen Verbindung wird es keine Enkel geben, und ebenso wenig wird es Enkel geben für die Generation, die bei Grodeck gefallen ist. Die Trauer um diesen Verlust ist die »stolzere Trauer«, weil sie eine auf die Zukunft gerichtete Trauer ist. Es ist eine Trauer, die keine Zukunft mehr kennt oder daraus entsteht, dass es keine Zukunft mehr gibt – weder für das lyrische Ich noch für die Liebe zur Schwester noch für die Generation der Kriegsteilnehmer. Keine Zukunft zu haben bedeutet das Ende – ein Ende freilich, das bei Trakl zu einer epochalen Freisetzung poetischer Ausdruckskräfte geführt hat.

Trakls Gedicht ist Teil eines weiteren großen Themenkomplexes, der die expressionistische Dichtung bestimmt: der Krieg. Der Ausbruch des Ersten Weltkriegs ist ein Ereignis, das dieser Epoche und der in ihr lebenden Generation von Dichtern und intellektuellen Künstlern den Boden entzogen hat. Zwar gab es allenthalben eine diffuse Kriegsbegeisterung, doch was Krieg eigentlich bedeutete, wusste man nicht. Seinen stärksten Ausdruck hat das Weltkriegserlebnis in der Lyrik August Stramms (1874–1915) gefunden. Stramms Entdecker und Förderer Herwarth Walden (1878–1941), Herausgeber der Zeitschrift *Der Sturm* (1910–32), hat mit seiner Zeitschrift die Revolution in der Kunst gefördert und die Kunst als Revolution propagiert. Waldens Zeitschrift – das neben Franz Pfemferts (1879–1954) politisch akzentuierter Wochenschrift *Die Aktion* (1911–32) wichtigste Periodikum des Expressionismus – bot den Avantgardisten ein Kunst-Forum, weil ihr Herausgeber und Redakteur mit Spürsinn und Scharfsicht den gemeinsamen Impuls der Avantgarden erfasst hatte. *Expressionismus. Die Kunstwende* lautete der Titel, mit dem er einen seiner Programmaufsätze in die Debatte schickte. »Kunstautonomie«, »Abstraktion«, »Gegenwirklichkeit« hießen seine Leitgedanken, die, in vielfältigen Variationen und Nuancen diskutiert, tradiert und revidiert wurden. Walden war zugleich Propagandist und Theoretiker dieser Bewegung, Führer und Diener in einer Person. Er veranstaltete bahnbrechende Kunstausstellungen, die – unter anderen – Max Ernst (1891–1976), Marc Chagall (1887–1985), Paul Klee (1879–1940), Oskar Kokoschka (1886–1980) durchzusetzen halfen. Und er präsentierte und protegierte den Dichter August Stramm, weil dessen »Wortkunst«-Theorie und seine poetische Praxis den eigenen Vorstellungen den konsequentesten Ausdruck gaben.

Stramm war innerhalb dieses Organs der künstlerischen Avantgarde in Berlin der prominenteste Autor, ein Lyriker der ganzen Zeit und der gesamten Bewegung. Zwar hat

Stramm erst durch die Begegnung mit Walden, im März 1914 (vielleicht schon Ende Dezember 1913), zum *Sturm* gefunden, doch war er schon vor der *Sturm*-Zeit und vor der Begegnung mit Walden eigenständiger Lyriker. Er hat konkrete Vorstellungen eines Konzepts von »Wortkunst« entwickelt, nach dem das entscheidende Material für die Kunst des Dichters das Wort sein sollte, das einzelne künstlerische Wort als sprachliche Kunstform, nicht seine Inhalte. »Das Einzelwort«, so Lothar Schreyer, Theoretiker des *Sturm*, »wurde als Einheit und Ganzheit von Sinn, Klang und Tonfall erfaßt. Das Wortkunstwerk ist nun eine rhythmisch-harmonische Komposition von Einzelsätzen und Einzelworten.«[14] Eine Kunsttheorie, die nicht zuletzt mit dem Einfluss des Futurismus zusammenhängt, der das Wort in seiner konzentrierten Form propagiert, die Zerstörung der Grammatik sucht, eine Destruktion der Konventionalität initiiert, der Ausdrucksformen wie der poetischen Traditionen. Es geht um Simultaneität von Eindrücken, um Dynamik in der Fügung der Worte und Bilder. Dazu werden Adjektive und Adverbien ebenso beseitigt wie die Interpunktion. Die Bilderwelt wird substantiviert, jene Bilderwelt, die konzentrierte Schwerpunkte und inhaltliche Akzente setzen kann, mit einer Abstraktionskraft, wie sie, propagiert von Kandinsky, zur selben Zeit auch in der Malerei entwickelt wird, etwa im »Blauen Reiter«. Es geht um Abstraktion statt Mimesis, Malerei als reine Kunst, mit Dichtung und Musik als Entsprechungen, Dichtung verstanden als Klangkomponente des Wortes.

Doch dort, wo Stramm all sein poetisches Ingenium einsetzt, um dem Nicht-Fassbaren Ausdruck zu geben, wo er all seine Inventionskraft, seine Originalität und Virtuosität, seinen Sprachreichtum und seine Bilderkühnheit aufbietet, um das Unerhörte zu Sprache werden zu lassen – gerade

14 Lothar Schreyer, *Erinnerungen an Sturm und Bauhaus*, München 1956, S. 91.

dort erscheinen seine Mittel kraftlos im Vergleich zur Wirklichkeit des Krieges. Bis in den Rhythmus, bis in die syntaktische, grammatische und ikonographische Struktur hinein ist im folgenden Gedicht die Anstrengung spürbar, die poetische Sprache dem Gegenstand mimetisch anzugleichen. Lautmalerei, Nominalisierung von Verben, Neologismen, der Bildcharakter des Gedichts – kein Mittel, das ausgelassen wird. Ein »Trotz alledem!«, das der Dichter seiner Poesie abverlangt:

Granaten

Das Wissen stockt
Nur Ahnen webt und trügt
Taube täubet schrecke Wunden
Klappen Tappen Wühlen Kreischen
Schrillen Pfeifen Fauchen Schwirren
Splittern Klatschen Knarren Knirschen
Stumpfen Stampfen
Der Himmel tapft
Die Sterne schlacken
Zeit entgraust
Sture weltet blöden Raum.[15]

Man erkennt, wie die expressionistische Dichtung sich zu erschöpfen beginnt, schon in ihrer Frühzeit. Der Versuch, der Wirklichkeit neue Töne abzuhören, um aus deren Klang und ihrem Rhythmus einen eigenen Sound zu kreieren, funktioniert häufig über die bemühte Produktion von Neologismen und mittels einer subjektivierten, anthropomorphen Symbolbildung:

15 August Stramm, *Tropfblut. Gedichte aus dem Krieg*, Berlin 1988, S. 31.

Traumig

Frauen schreiten ab zersehnte Augen
Kinderlachen händelt schmerzes Blut
Fernen nicken
Blüten winken
Kommen sammeln winden
Würgen sticket klamm den tränen Schlund.[16]

Darin besteht vielleicht die bleibende literaturgeschichtliche Bedeutung dieser Gedichte, über alle »Wortkunst«-Theorien hinaus: Sie zeugen von der Sisyphusleistung der Literatur angesichts von Krieg, Terror und Grauen.

Angesichts der Engführungen und schließlich auch der Erschöpfungstendenzen expressionistischer Lyrik, wie sie zunehmend in Programmatik und Praxis August Stramms sich zeigen, treten die Leichtigkeit und Formsensibilität einer Lyrikerin wie Else Lasker-Schüler (1876–1945) umso deutlicher hervor – und umso fragwürdiger erscheint das Etikett ›Expressionismus‹, das den ihr geltenden Zu- und Einordnungen seit langem anhaftet. Doch die Gedichte Else Lasker-Schülers beziehen ihren Reiz nicht aus Sprachverdichtungen und -konzentrationen in der Tradition des Expressionismus. Ihr Reiz entspringt vielmehr der Unbefangenheit, mit der – wie das folgende Beispiel zeigt – Sprachspiele mit und aus Reimen und Alliterationen gespielt werden, mit einer äquilibristischen Sprachartistik, die keinem Ziel folgt und keinem Regelmaß unterworfen ist, es sei denn dem der Lust am Reichtum sprachlicher Erfindungen und erotischer Entdeckungen:

16 Ebd., S. 30.

Ein alter Tibetteppich

Deine Seele, die die meine liebet
Ist verwirkt mit ihr im Teppichtibet.

Strahl in Strahl verliebte Farben,
Sterne, die sich himmellang umwarben.

Unsere Füße ruhen auf der Kostbarkeit.
Maschentausendabertausendweit.

Süßer Lamasohn auf Moschuspflanzenthron,
Wie lange küßt dein Mund den meinen wohl
Und Wang die Wange buntgeknüpfte Zeiten schon?[17]

Die Epoche des Expressionismus umfasst nur eine kurze Zeit, das Ende des Ersten Weltkriegs bereitet auch ihm ein Ende. Die Jahre zwischen 1910 und 1918/20 sind seine Hochphase. Was danach kommt, ist nicht von gleichem Gewicht. Stramm ist der konsequenteste der poetischen Expressionisten gewesen – nach ihm war eine Fortsetzung wohl nicht mehr möglich. Nur drei Spuren haben sich erhalten. In der Dichtung ist dies Wolfgang Borchert (1921–1947), der – als einziger – nach 1945 dort anknüpft, wo die Expressionisten 1920 aufgehört haben. Lebendig geblieben ist der Expressionismus hingegen in der Malerei, nicht nur in seinen anregendsten Werken, sondern auch mit Wirkungen bis hin zu den sogenannten »Neuen Wilden« der 1980er Jahre. Und stilbildend geblieben ist er für die Filmgeschichte, etwa für Rainer Werner Fassbinder (1945–1982) und Alexander Kluge (geb. 1932), die immer wieder auf das expressionistische Bild- und Montagearsenal zurückgegriffen haben.

17 Else Lasker-Schüler, *Sämtliche Gedichte*, hrsg. von Friedhelm Kemp, München 1966, S. 103.

Der Dadaismus

Der Dadaismus, gleichzeitig mit dem Expressionismus und dem italienischen Futurismus entstanden, ist inmitten dieser Entwicklungen die künstlerisch radikalste Bewegung, eine Kunstrichtung, die ebenfalls aus Antikunst-Impulsen entsteht, eine dynamische, gegen das Bürgerliche in der Kunst gerichtete Bewegung, aus der zahlreiche Einzelne herausragen, zudem eine Bewegung mit vielen Zentren. Am Anfang steht Zürich, das zweite große Zentrum ist Berlin, ferner findet sich Dadaismus in Holland, in New York, in Genf, in Köln, in Paris, sogar im Tiroler Städtchen Tarrenz. Dada betreiben Dichter, die zugleich bildende Künstler, und bildende Künstler, die zugleich Wortkünstler sind. Als DADA-Gründungsort und -datum kann man Zürich, den 5. Februar 1916 nennen. Die Stadt war zu diesem Zeitpunkt ein Zentrum für Pazifisten, Exilierte, Antimilitaristen, die sich dem Krieg entzogen, die in die neutrale Schweiz gegangen waren. Einer von ihnen, Hugo Ball, gründete an jenem Tag das Cabaret Voltaire, eines der großen Zentren des Dadaismus. Dort fanden seit März 1916 experimentelle Veranstaltungen statt.

Die Entstehung des Begriffs DADA ist ebenso umstritten, wie die Auslegungsangebote des Begriffs vielfältig sind. Handelt es sich um eine Artikulationsform auf der Sprachstufe von Säuglingen? Oder um eine unartikulierte Zeigeformel? Ist DADA eine Übernahme aus dem Rumänischen (»ja, ja«)? Oder gar aus der französischen Sprache, in der das Wort ›Hobby‹ bedeutet? Wichtiger als alle Semantik war wohl der Klangwert des Worts. Es besitzt in jedem Fall einen deiktischen, einen internationalen und einen Montagecharakter. Es war als Klang zugleich Ausdruck im doppelten Sinn des Wortes: Lautausdruck und polyvalente Semantik.

Beteiligt an den ersten Programmen und öffentlichen Auftritten der Dadaisten in Zürich waren unter anderen

Tristan Tzara (1896–1963), Hans Arp (1887–1966), Hugo Ball (1886–1927), Richard Huelsenbeck (1892–1974) und Marcel Janko (1856–1919). Was sie vereinte – inmitten des Ersten Weltkriegs, vis à vis der Zürcher Wohnung von Wladimir Iljitsch Uljanow, genannt Lenin, am Vorabend der bolschewistischen Revolution –, war zum einen das Exil, die Flucht aus Deutschland, die Abkehr vom Krieg, zum anderen die Ablehnung der Wirklichkeit, die diesen Krieg möglich gemacht hatte. Zugleich aber war es eine Kritik an der etablierten Kunst und Literatur. Es ging der DADA-Bewegung um die Zerstörung der konventionellen Grammatik, der traditionellen Wortbedeutungen und Sinnstiftungen, um – wie der Expressionismus auch – zum einfachsten Element des Materials von Dichtung, zum Wort, zu gelangen. Doch anders als die Wortkunst-Lyrik August Stramms zielt DADA nicht auf die Wiedergabe eines sprachlich konzentrierten Ausdrucks, sondern auf die De-Montage der Tradition und auf die Montage von Eigen-Sinn, Gegen-Sinn und Un-Sinn – dies ist der Kern des DADA-Programms.

Die Zürcher Anfangsimpulse hielten freilich nicht lange vor. Alsbald gab es Kontroversen zwischen den Literaten auf der einen und den bildenden Künstlern auf der anderen Seite. Es zeigte sich, dass die bildenden Künstler eigene Vorstellungen hatten, weil sie den Vorgaben ihres eigenen Materials folgen mussten. Daraus ergaben sich wie selbstverständlich autonome Entwicklungen, die zum Zerwürfnis führten, zumindest zur Entfremdung und zur Entfernung der einzelnen Autoren und Künstler. Bereits 1917 war die kurze Phase des Zürcher Dadaismus beendet. Die Avantgardisten gehen nach Berlin. Sie suchen dort die Zusammenarbeit mit Künstlern wie John Heartfield (eigtl. Helmut Herzfeld, 1891–1968), Georges Grosz (1893–1959), Raoul Hausmann (1886–1971), Franz Jung (1888–1963) und Johannes Baader (1875–1955). In Berlin wird der Club DADA gegründet. Man findet sich auch hier sehr schnell unter gewissen Gemeinsamkeiten zusammen. Dazu gehört zunächst wiederum die Negation jedes tradierten Kunstideals, der Formen, der Traditionen, der Genregrenzen. Aber diese negative Position ist nur ein gemeinsames Merkmal. Auch die DADA-Bewegung in Berlin strebt rasch wieder auseinander. Die Dadaisten bekämpfen einander. Es ergeben sich neue Strömungen, gerade auch im Zusammenhang mit den politischen Radikalisierungen der Weimarer Republik.

Allerdings existiert eine Plattform, ein *Dadaistisches Manifest* aus dem Jahr 1918, das – mit entsprechenden Korrekturen durch die Mitunterzeichner – Richard Huelsenbeck verfasst hat. Hier werden, sehr konzentriert, die entscheidenden Programm- und Aktionspunkte herausgearbeitet: »Die Kunst ist in ihrer Ausführung und Richtung von der Zeit abhängig, in der sie lebt, und die Künstler sind Kreaturen ihrer Epoche. Die höchste Kunst wird diejenige sein, die in ihren Bewußtseinsinhalten die tausendfachen Probleme der Zeit präsentiert, der man anmerkt, daß sie sich von den Explosionen der letzten Woche werfen ließ, die ihre Glieder immer wieder unter dem Stoß des letzten Tages zusammensucht. Die besten und unerhörtesten Künstler werden diejenigen sein, die stündlich die Fetzen ihres Leibes aus dem Wirrsal der Lebenskatarakte zusammenreißen, verbissen in den Intellekt der Zeit, blutend an Händen und Herzen.«[18] Erneuerung durch Wandel, nicht durch Fortschreibung und Tradierung – ein radikal avantgardistisches Manifest, ein Bekenntnis zur Revolutionierung der künstlerischen Formensprache. Es entsteht das bruitistische und das Lautgedicht, das simultaneistische Gedicht, das Gedicht, das die Gleichzeitigkeiten einer Wirklichkeit auf einer Fläche präsentiert, und das statische

18 »Dadaistisches Manifest«, in: *DADA total. Manifeste, Aktionen, Texte, Bilder*, in Verb. mit Angela Merte hrsg. von Karl Riha und Jörgen Schäfer, Stuttgart 1994, S. 91.

Gedicht, das versucht, aus dem Fluss der Zeit mit wenigen Worten Zeichen des Stillstands herauszustanzen, um daraus eine Vision der Realität zu entwerfen.

Zwei zentrale Einflüsse auf den Dadaismus sind zu nennen: der Futurismus und der Film. Futurismus – dieser Begriff, nach dem Buch *El Futurismo* (1904) von Gabriel Alomar geprägt, drückt einen entschiedenen Anspruch des künstlerischen Modernismus auf avantgardistische Verfahrensweisen aus. Sein bedeutendster Repräsentant war Filippo Tommaso Marinetti (1876–1944), der 1908 das Gründungsmanifest des italienischen Futurismus verfasst hat, ein emphatisch der Zukunft zugewandtes Konzept: männlich, ehern, eisern, brutal, aggressiv, bereit zu vernichten, zu töten und unterzugehen. Es geht dem Futurismus – wie DADA später auch – um die Zerstörung der Traditionen und um die Entwicklung einer neuen, noch nie dagewesenen Literatur auf der Höhe ihrer Zeit, um eine Poesie der Technik, Dynamik und Geschwindigkeit unter Aufhebung von Zeit und Raum, um eine Syntax, Grammatik und Sprechweise, die neu geformt wird in Ekstasen der Bilder, der Farben und der Rhythmen.

Der zweite Einfluss ging vom Film aus – und in seinem Zusammenhang sind die moderne Wirklichkeit der großen Stadt und das Ensemble der neu entstehenden Medienwirklichkeit zu nennen. Der Dadaismus lebt von der Technik der Montage. Auch die Programmatik des Futurismus enthält und formuliert diesen Impuls. Er lässt sich einigen theoretischen und programmatischen Aufsätzen in der Zeitschrift *Die Aktion* entnehmen, in denen etwa gewürdigt wird, was der sogenannte ›Kinematograph‹ zu leisten vermag. Der Film ist, so erkennen die Autoren der *Aktion* früh, antipsychologisch und außenperspektivisch. Er lebt von dem Mittel der Montage und besitzt eine akzelerierende, steigernde Struktur. Er löst optische Reize aus, ist eine Kunst des momentanen Eindrucks und lebt – wie zahlreiche andere Medien, die eine Bewusstseinsveränderung bewirken – von Tricks und Illusionierungen. Doch nicht nur der Film, sondern die Elektromagnetik insgesamt, ferner die Telegraphie, die Telefonie, die Phonographie haben die Wahrnehmungsformen umgewälzt, so wie heute der Computer und die Digitalisierung die menschliche Wahrnehmung umformen. Es entsteht daraus ein neuer Stil, ein Telegrammstil. Die Parataxe, Formen von Mikrologie, kleinste Worteinheiten, Partikel und Skizzen werden wichtig. Es entsteht eine Art elektrifizierter Literatur. Sie nimmt gleichsam kleinste Einheiten elektrischer Impulse in sich auf und generiert sie als Textelemente aus sich heraus.

Die Dadaisten versuchen eine Art Selbstrettung der Poesie, die aus den Trümmern der Wirklichkeit eine neue Welt baut und aus der krisenhaften Sprachnot ihrer Zeit die Tugend einer erneuerten Sprachschöpfung macht, ein Merkmal, das die literarische Moderne seit der Frühromantik insgesamt kennzeichnet. Schon bei Friedrich Schlegel findet sich die Formel von der Selbstschöpfung und Selbstvernichtung des Künstlers, der aus seinem Material, aus den Farben und Formen der Poesie, eine neue Welt bauen kann, indem er die Formen der zerstörten Wirklichkeit in die poetische Sprache aufnimmt. Das ist ein Programm, das im Dadaismus allenfalls radikalisiert wird: die Autonomie der Kunst als Zeichen der künstlerischen Moderne. So verfährt auch Hans Arp, später einer der bedeutenden Surrealisten in Paris, der dem Zirkel um Breton und Picasso angehört, der in der kurzen Phase des Dadaismus seine Produktivität zunächst auf literarischem Gebiet auslebt, nämlich in Gestalt eines sprachspielerischen Absurdismus. Klang statt Sinn, Bild statt Ratio, Assoziativität der Sprache statt Rationalität der Argumente – die Zerstörung eines diskursiven Sinns geht in seinem Gedicht *Der gebadete Urtext* mit der Etablierung eines sprachlichen Eigensinns einher, der sich selbst autonom setzt:

Der Zwerge dünnes Horn erschallt
Die Schiffe reiten auf den Ratten.
Das Wasser hat sich losgeschnallt.
Der Blitz will jede Laus begatten.

Die Luft gerinnt zu schwarzem Stein.
Zermalmt wird Schnabel Braut und Rose.
Es reißt der Sterne Ringelreihn
Der Zirkus stürzt ins Bodenlose.

[...][19]

Hier folgt ein Text seiner eigenen Logik, der des Rhythmus, des Klangs, der Wortfolgen, die aufeinander hören, doch auf eine Weise, die die Generierung von Sinn suggeriert. Kurz: Das Gedicht spielt mit den konventionellen Erwartungen seines Publikums, die es in die Irre führt und ins Leere laufen lässt. Formal haben wir es mit Verszeilen und Strophenformen, Reimen und Bildern, Metrum und Rhythmus zu tun, doch inhaltlich verfährt das Gedicht vollkommen autonom, ein poetischer Prozess, den in vergleichbarer Weise auch Gedichte Christian Morgensterns vorführen und – in anderer Form – auch das berühmte Gedicht »Karawane« von Hugo Ball. Dessen Originalfassung zeigt Zeile für Zeile, in unterschiedlichen Schrifttypen, bisweilen fett, kursiv oder unterschlängelt, jene Bewegung an, die eine Karawane durchläuft. Das Gedicht repräsentiert nicht mehr, aber auch nicht weniger als den Versuch, den Rhythmus einer Karawane in Lautklang zu übersetzen, ein Lautgedicht also, das vom Zusammenspiel der Vokale und Konsonanten und von deren Rhythmisierung lebt.

19 Hans Arp, *Gesammelte Gedichte I. Gedichte 1903 bis 1939*, Zürich 1963, S. 115.

Ein lyrischer Text, der all diese Tendenzen des Dadaismus ebenso eigenwillig wie kongenial in sich verbindet, ist das Gedicht *An Anna Blume* (1919) von Kurt Schwitters (1887–1948), dem bedeutendsten Außenseiter der DADA-Bewegung:

> O du, Geliebte meiner siebenundzwanzig Sinne ich liebe
> dir! – Du deiner dich dir, ich dir, du mir. – Wir?
> Das gehört (beiläufig) nicht hierher.
> [...][20]

»Merzgedicht I« lautet der Untertitel dieses Poems, in dem Schwitters am deutlichsten zu sich gefunden hat, eine Art Selbstcharakterisierung in Form eines Gedichts, zugleich eines der schönsten Liebesgedichte der Weltliteratur. Es spielt mit leeren Referenzen, Referenzen ohne Inhalt, denn die namentlich genannte Referenz ›Anna Blume‹ ist leer. Dieser Name existiert allein im immanenten Zusammenhang des Gedichts. Er wird immer wieder aufgenommen, da er offensichtlich das lyrische Subjekt immer wieder neu anregt, ja erregt. Es ist ein Wort, das lediglich mit der Bedeutung spielt, die Namen haben, ein Sprachspiel, das auf unterschiedlichen Ebenen weitergetrieben wird. »Siebenundzwanzig Sinne« werden angesprochen – obwohl wir nur fünf haben. »Ich liebe dir!«, heißt es auf gut Berlinisch – ein amüsantes Moment der Verletzung grammatischer Konventionen. Doch es kommt offenbar auf diese auch nicht an, sondern darauf, dass ein Ich und ein Du, in welchem grammatischen Fall auch immer, aufeinander bezogen werden durch das Referenzwort ›Liebe‹.

20 Kurt Schwitters, *Anna Blume I. Dichtungen*, Zürich 1965, S. 9.

3 Lyrik in der Weimarer Republik

Dass die literarhistorische Antwort auf die Ekstasen des Expressionismus und die Destruktionen des Dadaismus ihrerseits einen Kontrapunkt in einem genauen Sinn dieses Wortes bilden musste, einen Gegenpol, der Ruhe, Distanz, Kontemplation und Ironie bot, kann nicht verwundern. Der Begriff »Neue Sachlichkeit«, der sich für diese Entwicklung eingebürgert hat, repräsentiert eine Bewegung des Antipsychologismus, des Antiindividualismus und des Antisentimentalismus, die gewiss auch Ausdruck einer Erschöpfung ist, der Versuch der Abgrenzung mit poetischen Mitteln, die nicht länger den Einzelnen in den Zerfaserungen seines Gemüts, seines Seelenlebens und seines Lebensweges zeigen, die vor allem nicht auf Gefühlen und auf der Ergründung oder Auslotung von Gefühlswelten bestehen, sondern stattdessen auf ein Programm setzen, das sich buchstäblich an der ›Sache‹ orientiert, die dargestellt wird, und an deren Eigengesetzlichkeit. Ziel ist, eine ›Objektivität‹ des Schreibens zu erreichen. Im Mittelpunkt stehen Nüchternheit, Präzision, Bericht, Beobachtung und die Funktionen der ›Sache‹, um die es geht: Gegenstand, Thema, Stoff, Materie. Stilgeschichtlich handelt es sich um Schreibweisen des Realismus, angeknüpft wird auch an den Naturalismus, dessen Stilmittel aufgenommen werden, um sie für neusachliche Zwecke zu funktionalisieren.

Im Allgemeinen geht man davon aus, dass die Neue Sachlichkeit eine Bewegung der bildenden Kunst gewesen sei, deren Elemente auf die Literatur übertragen wurden. Diese Auffassung bedarf einer Präzisierung. Es gab zwar 1925 eine Ausstellung in Mannheim, die den Titel »Neue Sachlichkeit. Deutsche Malerei seit dem Expressionismus« trug. Diese Ausstellung wurde seit 1923 konzipiert. Doch fanden Diskussionen um eine Sachlichkeitsästhetik auch schon vor 1920 statt, etwa in der Architektur um die Jahrhundertwende in Wien. Um 1900 entwirft Adolf Loos, der bedeutende Wiener Architekt, ein Haus, an dem es nicht ein einziges Ornament gibt, nur gerade Flächen und schnörkellose Kanten. Offenbar bestehen hierin Verbindungen zur *Bauhaus*-Idee, die Funktion einer Sache und ihre Form nicht mehr voneinander getrennt zu sehen, sondern Form und Funktion ›sachgerecht‹ miteinander zu verbinden. Der Funktionalismus tritt in die Kunst und in das Kunsthandwerk ein.

Lyrik mit ›Gebrauchswert‹

Prominent ist die neusachliche Lyrik mit den Namen Erich Kästner (1899–1974) und Kurt Tucholsky (1890–1935) verbunden. Ein Gedicht Erich Kästners trägt ausdrücklich den Terminus »sachlich« als programmatischen Titel:

Sachliche Romanze

Als sie einander acht Jahre kannten,
(und man darf sagen: sie kannten sich gut),
kam ihre Liebe plötzlich abhanden.
Wie anderen Leuten ein Stock oder Hut.

Sie waren traurig, betrugen sich heiter,
versuchten Küsse, als ob nichts sei,
und sahen sich an und wußten nicht weiter.
Da weinte sie schließlich. Und er stand dabei.

Vom Fenster aus konnte man Schiffen winken.
Er sagte, es wäre schon Viertel nach Vier
und Zeit, irgendwo Kaffee zu trinken.
Nebenan übte ein Mensch Klavier.

Sie gingen ins kleinste Café am Ort
und rührten in ihren Tassen.
Am Abend saßen sie immer noch dort.
Sie saßen allein, und sie sprachen kein Wort
und konnten es einfach nicht fassen.[1]

Was Kästner in seiner Lyrik der 1920er Jahre (*Herz auf Taille*, 1928; *Lärm im Spiegel*, 1929; *Gesang zwischen den Stühlen*, 1932) versucht – und hierfür kann die *Sachliche Romanze* beispielhaft stehen –, ist die Rückbindung des alltäglichen Abgrunds an die abgründige Alltäglichkeit. Er schildert eine Tragödie des Alltags, ebenso banal wie traurig – schon der Titel des Gedichts deutet diesen Zusammenhang programmatisch an. Eine ›Romanze‹ kann eine flüchtige Liebesgeschichte sein, Romanzen sind aber auch eine alte Versform, die im 16. und 17. Jahrhundert aus Spanien über Frankreich nach Deutschland gekommen ist. Heinrich Heine nimmt diese lyrische Form auf, im *Buch der Lieder*, auch in seinem Spätwerk, ausdrücklich im Titel des Gedichtbandes *Romanzero*, in dem es immer wieder um Liebe und um deren Scheitern oder deren Unerfüllbarkeit geht. Die kleine poetische Liebesalltagstragödie ist regelmäßig gebaut: vier Strophen mit *abab*-Reimen und rhythmischem Gleichmaß. Doch eine auffällige Abweichung ist mit großem Bedacht in das Gedicht eingearbeitet: Die vierte Strophe enthält, im Unterschied zu den drei anderen, fünf statt vier Zeilen, mit einer Reimwiederholung in der dritten und vierten Zeile. Sie führt zu einer fast beiläufigen Intensivierung des scheinbar lakonischen Gefühlsausdrucks, einer en passant mitgeteilten Trauer, die sachlich und zugleich ironisch überspielt wird.

1 Erich Kästner, *Kästner für Erwachsene*, hrsg. von Rudolf Walter Leonhardt, Frankfurt a. M. 1966, S. 40.

Kurt Tucholskys Gedicht *Ideal und Wirklichkeit* steht, dies verdeutlicht schon die Wahl des Titels, in einem engen thematischen Bezug zu Kästners *Sachlicher Romanze*:

In stiller Nacht und monogamen Betten
denkst du dir aus, was dir am Leben fehlt.
Die Nerven knistern. Wenn wir das doch hätten,
was uns, weil es nicht da ist, leise quält.
  Du präparierst dir im Gedankengange
  das, was du willst – und nachher kriegst dus nie …
  Man möchte immer eine große Lange,
  und dann bekommt man eine kleine Dicke –
    C'est la vie –! […][2]

»C'est la vie« – die strophenschließende Verszeile, die das Gedicht einmal im französischen Originalton, später zweimal in der Berliner Mundart (»Ssälawih – !«) zitiert – repräsentiert die Banalisierung des Ideals in der Wirklichkeit. Das Ideal geht verloren – sachlich und ironisch, spielerisch fast wird mit dem Mangel umgegangen. Die Feststellung eines Mangels und zugleich das lakonische, ironische und mokante Arrangement mit diesem Mangel gehört zur literarischen Topographie der 1920er Jahre, einschließlich jenes Quäntchens Humor, der das so gewonnene Einverständnis erträglich macht. Das ist der Preis, den man bezahlen muss. Sich zu arrangieren mit dem, was vorhanden ist, bedeutet immer die Preisgabe des Ideals, das man sich imaginär entwirft, bis hin zum humoristisch garnierten kabarettistischen Einschlag, wie sie in den zwanziger und dreißiger Jahren Eugen Roth (1895–1976; *Monde und Tage*, 1930; *Ein Mensch*, 1935), Joachim Ringelnatz (1883–1934; *Kuttel Daddeldu*, 1920, erw. 1923), Walter Mehring (1896–1981; *Die Gedichte, Lieder und Chansons*,

2 Kurt Tucholsky, *Gesammelte Werke in 10 Bänden*, hrsg. von Mary Gerold-Tucholsky und Fritz J. Raddatz, Bd. 7: 1929, Reinbek 1975, S. 238 f.

1929) und Hans Leip (1893–1983; *Die kleine Hafenorgel*, 1937) erfolgreich auf den Markt bringen.

Von anderem Zuschnitt aber ist die neusachliche Naturlyrik: dunkler, verschatteter, melancholischer, von Bedrohung und Gefährdung gezeichnet. Sie findet sich, besonders gegen Ende der 1920er Jahre, auf die Zeitschrift *Die Kolonne* konzentriert, Sammelplatz und Forum für damals junge Lyriker, vor allem Naturlyriker, wie Günter Eich (1907–1972), Horst Lange (1904–1971), Elisabeth Langgässer (1899–1950) und Oda Schaefer (1900–1988). Die Zeitschrift existierte bis 1935, also bis ins Dritte Reich hinein, doch die genannten Lyriker konnten auch nach diesem Zeitpunkt weiterhin veröffentlichen, in Publikationsnischen wie den Zeitschriften *Die neue Rundschau* oder *Das Innere Reich*. Einer der herausragenden Autoren dieser Gruppe ist der früh zu einer eigenen Bildlichkeit und Formensprache findende Peter Huchel (1903–1981):

Späte Zeit

Still das Laub am Baum verklagt.
Einsam frieren Moos und Grund.
Über allen Jägern jagt
hoch im Wind ein fremder Hund.

Überall im nassen Sand
liegt des Waldes Pulverbrand,
Eicheln wie Patronen.

Herbst schoß seine Schüsse ab,
leise Schüsse übers Grab.

Horch, es rascheln Totenkronen,
Nebel ziehen und Dämonen.[3]

3 Peter Huchel, *Gesammelte Werke in zwei Bänden*, hrsg. von Axel Vieregg, Bd. 1: *Die Gedichte*, Frankfurt a. M. 1984, S. 94.

Das lyrische Ich bildet das Zentrum der Wahrnehmung, mit seinen Zuschreibungen wird die Natur besetzt, zum Teil mit neuen, bislang so nicht gefassten Bildern. »Still das Laub am Baum verklagt« – diese Wendung spielt mit der doppelten Bedeutung von ›verklagen‹ (im Sinne von ›vergehen‹ und über das Vergehen klagen) und ›anklagen‹. Mit dieser bivalenten Semantik des Wortes setzt sich das anthropomorphe Natur-Bild metonymisch in Bezug zu den Wolken, zu Luftbewegungen, die ergänzt werden durch weitere bildliche Natur-Zuschreibungen des lyrischen Ich. Sie installieren eine Kette von Wahrnehmungen, die in Ahnungen übergehen (Schüsse, Totenkronen, Nebel, Dämonen) und deutlich machen: Der durch den Menschen verstörten Natur haftet etwas Unheimliches an. Huchels Bildlichkeit repräsentiert eine Art Natur-Magie, den poetischen Versuch, durch beschwörende Formeln die Identität einer gestörten Natur zu erfassen und zu bannen. Mit diesen Zuschreibungen bringt sich eine lyrische Subjektivität zur Geltung – wenngleich nur indirekt, als beobachtende Instanz –, die erkennbar ihrerseits verstört ist. Peter Huchels Gedicht entstand 1933 – es spricht in seinen naturmagischen Gefährdungsbildern auch von den Konturen der Wirklichkeit seines Entstehungsjahres.

Doch so eigenwillig, originär und subtil die Gedichte Peter Huchels und, ihnen hierin vergleichbar, Günter Eichs den Zusammenhang von Natur und Gesellschaftlichkeit umspielen – der Dichter, der mit einem einzigen Gedichtband die tradierten Formensprachen des Naturzugangs von der Mitte des 18. bis zum ersten Drittel des 20. Jahrhunderts rabiat aufsprengt und zerschlägt, ist Bertolt Brecht (1898–1956). Schon als sehr junger Mann, als Gymnasiast in Augsburg, hatte Brecht Gedichte und Theaterkritiken veröffentlicht, schon als Schüler in Augsburg versteht er sich als Bohemien und Künstler. Er ist ein genialischer Bummler und Zecher, der die bürgerlichen Verkehrsregeln und Ehrenkodizes verletzt, ein Außenseiter, der exzentrisch sein will. Die Gedichtsammlung *Haus-*

postille, die 1927 erscheint, bietet schon im Titel eine Anspielung auf eine alte Tradition religiöser Lyrik. Genau 400 Jahre vorher hatte Martin Luther eine *Taschen- und Hauspostille* ediert, die zur Erbauung der christlichen Welt gedacht war. Brecht nimmt Formen auf, die dieser Tradition entsprechen: Chroniken und Liturgien, Bittgänge und Exerzitien, Oratorien und Balladen, zum Teil in reimlosen und rhythmisch freien Versen gehalten, zum Teil mit Notenbeispielen versehen. Die *Hauspostille* mit ihren zahlreichen Traditionen aus der religiösen Lyrik wird genutzt zur Bekämpfung des Geistes, der aus diesen Formen spricht, ironisch, satirisch und subversiv. Im *Großen Dankchoral* heißt es: »Lobet die Kälte, die Finsternis und das Verderben! / Schauet hinan: / Es kommet nicht auf euch an / Und ihr könnt unbesorgt sterben.«[4] Die Vergänglichkeitserfahrung ist das den Band thematisch beherrschende Element, das parodistisch gegen die religiöse Tradition eingesetzt wird. Brecht hält auf diese Weise ein Weltgericht: ein bewegter und bewegender Abgesang an die alten Geschichten und die großen Überlieferungen der abendländischen Glaubenskonventionen. Und wie Brecht mit diesen bricht, so verfährt er auch mit den Traditionen der Naturlyrik:

Morgendliche Rede an den Baum Green

1
Ich habe Ihnen heute nacht bitter unrecht getan;
Ich konnte nicht schlafen, weil der Wind so laut war.
Als ich hinaus sah, bemerkte ich, daß Sie schwankten
Wie ein besoffener Affe. Ich schämte mich für Sie, Green.

[…]

4 Bertolt Brecht, *Werke. Große kommentierte Berliner und Frankfurter Ausgabe*, hrsg. von Werner Hecht, Jan Knopf, Werner Mittenzwei und Klaus-Detlef Müller, Bd. 11: *Gedichte I: Sammlungen 1918–1938*, Berlin / Weimar / Frankfurt a. M. 1988, S. 77.

4
Ich konnte gut schlafen, nachdem ich Sie gesehen habe.
Aber Sie sind wohl müd heute? Entschuldigen Sie mein Geschwätz!
Es war wohl keine Kleinigkeit, so hoch heraufzukommen zwischen den Häusern
So hoch herauf, Green, daß der Sturm so zu Ihnen kann, wie heute nacht?[5]

Der Gestus, in dem hier ein Ich zu einem Natur-Sie spricht, ist vollkommen verändert gegenüber dem Naturzugang in der Lyrik Peter Huchels. Sie ist nicht der Versuch, der Natur qua Wortmagie spezifische Qualitäten zuzuschreiben, sondern vielmehr das Bemühen, in ein Zwiegespräch mit der Natur einzutreten, das die Unterschiede zwischen Mensch und Natur durch deren Aufnahme in die dialogische Struktur des Gedichts bestehen lässt. Brecht radikalisiert auf diese Weise die erkannte Trennung im Naturverhältnis, die Abtrennung des Menschen von der Natur. Er lässt das lyrische Ich dieses Gedichts eine fundamentale Naturerkenntnis wahrnehmen und aussprechen: dass Leben in der Welt der Pflanzen Kampf um das Licht bedeutet. Das konventionelle Verhältnis des Menschen zur Natur, entworfen im biblischen »Macht euch die Erde untertan«, weicht der Anerkennung, dem Respekt vor der Leistung der Natur. Nicht der Mensch ist der Natur überlegen – sie ist ebenbürtig, wenn nicht Vorbild.

5 Ebd., S. 55. – Wie dem Hinweis im Kommentar dieser Ausgabe zu entnehmen ist, hat Brecht das Gedicht 1956 grundlegend überarbeitet. Vgl. den Hinweis und den Wortlaut der neuen Fassung ebd., S. 305. Diese Neufassung des Gedichts findet sich auch in der Ausgabe Bertolt Brecht, *Hauspostille. Mit Anleitungen, Gesangsnoten und einem Anhange*, Frankfurt a. M. 1999, S. 32. Der Copyright-Vermerk dieser Ausgabe bezieht sich auf das Jahr der Erstveröffentlichung der *Hauspostille* (1927).

Von der Vergänglichkeit handeln zahlreiche der Gedichte in der *Hauspostille*, so auch die berühmte *Erinnerung an die Marie A.*:

1
An jenem Tag im blauen Mond September
Still unter einem jungen Pflaumenbaum
Da hielt ich sie, die stille bleiche Liebe
In meinem Arm wie einen holden Traum.
Und über uns im schönen Sommerhimmel
War eine Wolke, die ich lange sah
Sie war sehr weiß und ungeheuer oben
Und als ich aufsah, war sie nimmer da.[6]

Auch hier findet sich ein Ton von Trauer, von Abgründigkeit und von Alltäglichkeit, durchaus in der Nähe zur Liebeslyrik der Neuen Sachlichkeit eines Erich Kästner. Und doch ganz anders wirkt sie in der Art und Weise, die Vergänglichkeit einer Liebesbegegnung einzubekennen. Wie in der ersten Strophe des Gedichts die weiße Wolke, so ist in der letzten das Gesicht der Geliebten nicht mehr vorhanden, entrückt sind Gestalt und Körper der Frau, die Zeiten scheinen zur Unkenntlichkeit ineinander verschränkt und überlagert, bis zur Aufhebung der Zeitdimensionen. Die Erinnerung an die Marie A. ist die Beschwörung eines Erinnerungsverlusts, fassbar allein in jenem Bildsegment der Wolke, das seinerseits verwehen wird, »so ungeheuer oben«. Auch hier kein Pathos, kaum findet sich Trauer oder Melancholie, eher eine Art von Kälte. Nichts ist geblieben – außer jener Wolke. Das ist in dieser Intensität ebenfalls singulär in der Lyrik der zwanziger Jahre und vor allem im Kontext der Liebeslyrik.

Die *Legende vom toten Soldaten* hat Brecht dagegen radikal parodistisch angelegt. Dieses Gedicht ist bereits 1922,

6 Brecht (s. Anm. 4) S. 92

vier Jahre nach dem Ende des Ersten Weltkriegs entstanden. Dolchstoßlegende, Niederlage, Entehrung und Demütigung durch die Siegermächte – das waren die Themen, die die Stimmung jener Zeit widerspiegelten. Das Gedicht nimmt diese Themen und Stimmungen auf und setzt sich gegen sie zur Wehr, indem es bis in die letzte Absurdität hinein – die militärische Wiederverwendung eines Soldatenkadavers – den Irrsinn von Krieg, Ruhm und Ehre verdeutlicht. Das Militär, die Pfaffen, die Prostitution – alle gesellschaftlich wirksamen Kräfte beteiligen sich an diesem Aberwitz. Das Gedicht nimmt ihn in Reim und Rhythmus auf, in einer Weise, die gleichsam permanent stolpert, eine Art prätendierter Unbeholfenheit, die auf einer kalkuliert eingesetzten rhythmischen Unregelmäßigkeit beruht und so das Gleichmaß des Marschrhythmus unterläuft:

> […]
> Die Sterne sind nicht immer da.
> Es kommt ein Morgenrot.
> Doch der Soldat, so wie er's gelernt
> Zieht in den Heldentod.[7]

Die *Hauspostille* ist ein schmales Bändchen mit Gedichten, die man auch heute noch, Stück für Stück, nicht nur zur Kenntnis nehmen, sondern auch genießen kann – genießen deswegen, weil sie in gewisser Weise ungenießbar sind. Brecht wollte den kulinarischen Zugang zur Lyrik, ihren reinen Konsum verhindern. Er hat diese Absicht bereits in seinem Vorwort zum Ausdruck gebracht, einer »Anleitung zum Gebrauch der einzelnen Lektionen«: »Diese Hauspostille ist für den Gebrauch der Leser bestimmt. Sie soll nicht sinnlos hineingefressen werden«[8] – eine »Anleitung«, die sich für den Umgang mit Gedichten generell empfiehlt.

7 Brecht, ebd., S. 115.
8 Brecht, ebd., S. 39.

Zwischen ›schöpferischer Lust‹ und ›schöpferischer Restauration‹

Man sollte bei der Suche nach neuen Tendenzen in der Lyrik der zwanziger Jahre nicht übersehen, dass viele Autoren bei den eigenen Anfängen anknüpfen und fortführen, was sie bereits früher entwickelt hatten. Das gilt etwa für Johannes R. Becher (1891–1958), der in ein und demselben Gedichtband, *Maschinenrhythmen* (1926), die expressionistische Ekstase des Aufbruchs neben die klassenkämpferische Emphase des Mitleids stellt. »Pechhäutig war die Nacht; und in den Höfen / Troff flaum-grün Nacht. Die Fenster, die verhängten: / Das fror wie Leichen-Glas. – Schmelzöfen. / Rad-Riesen schnurrten an, kugel-gelenkig« [9], lautet die erste Strophe seines *Traumgespinst* betitelten Gedichts, das sich unbefangen aus dem Bilderarsenal des expressionistischen Jahrzehnts bedient.

Auf andere Weise setzt Gottfried Benn den eingeschlagenen Weg fort, indem er in den Lyrikbänden der zwanziger Jahre (*Schutt*, 1924; *Spaltung*, 1925; *Gesammelte Gedichte*, 1927) den sezierenden Blick der *Morgue*-Gedichte schärft, um ihn mit einem emphatischen Kunstanspruch zu verbinden. Die kühl sezierende *impassibilité* der frühen Gedichte wird auf diese Weise zur programmatischen Selbstrettung eines Modernismus, der sich auf nichts anderes beruft als auf sich selbst. Der Topos, in den Benn seine poetische Vision fasst, lautet »schöpferische Lust«. 1931 heißt es in seiner *Rede auf Heinrich Mann*: »Auf der einen Seite immer der tiefe Nihilismus der Werte, aber über ihm die Transzendenz der schöpferischen Lust«.[10] Und noch zwei Jahrzehnte später, in *Probleme der Lyrik*, findet sich der Passus: »Artistik […] ist der Versuch, gegen den allgemeinen Nihilismus der Werte eine neue Transzendenz zu

9 Becher (s. Kap. 2, Anm. 2) S. 60.
10 Benn (s. Kap. 2, Anm. 8); Bd. 4, S. 980.

setzen: die Transzendenz der schöpferischen Lust«.[11] Dies ist kein Programm der poetischen Hermetik, sondern eines der künstlerischen Autonomie. Sie sucht sich ihre Bildwelten in wirklichkeitsentlegeneren Bereichen als denen eines ekelerregenden Alltagselends: in Bildabstraktionen, die sich in die Antike entgrenzen, doch nicht um deren Mythologie zu beerben, sondern um sich selbst als Mythos zu erschaffen: »Betäubung, Aconite, / wo Lust und Leiche winkt, / lernäische Gebiete, / die meine Seele trinkt [...]«.[12] Die Montage des Gegenwärtigen und des Entlegenen zur kunstvollen Ausdrucksintensität des lyrischen Augenblicks, die Fügung von Klang und Rhythmus zur ›betäubenden‹, Eros und Tod in sich vereinenden »Lebensintensität« (Benn) der poetischen Stimmung – das sind Steigerungsformen der expressionistischen Anfänge Gottfried Benns.

Benn und Becher repräsentieren zwei Möglichkeiten der nach-expressionistischen Lyrik, die bei den eigenen Anfängen ansetzen und – sei es inhaltlich wie Becher, sei es künstlerisch wie Benn – zu neuen Wegen finden. Deshalb ist ihr Werk kategorial abzugrenzen von den thematischen wie formalen Regressionen zeitgenössischer Lyrik, für die sich der Begriff »Traditionalismus« herausgebildet hat, ein Begriff von allerdings nur begrenzter Tragfähigkeit, da er wesentlich inhaltsästhetisch gefüllt ist. Doch es geht hier um mehr als um inhaltliche Traditionalismen, nämlich um eine vor allem formal, also im Repertoire von Reim und Strophe, Metrum und Rhythmus, Bild und Symbol, Metaphorik und Allegorik auf überkommene Traditionen regredierende Lyrik. Dies ist der Grund, warum diese Lyrik die historische Zäsur des Jahres 1933 – bisweilen auch die des Jahres 1945 – im Wesentlichen unerschüttert überstehen konnte. Ihre Autoren sind Konrad Weiß (1880–1940;

11 Ebd., S. 1064.
12 Ebd., Bd. 1, S. 120.

Die cumäische Sibylle, 1921; *Die kleine Schöpfung*, 1926; *Das Herz des Wortes*, 1929), Gertrud von Le Fort (1876–1971; *Hymnen an Deutschland*, 1932) und Josef Winckler (1881–1966; *Irrgarten Gottes*, 1922), Rudolf Alexander Schröder (1878–1962; *Widmungen und Opfer*, 1925; *Mitte des Lebens*, 1930; *Jahreszeiten*, 1930) und Martin Beheim-Schwarzbach (1900–1985; *Die Krypta*, 1935), dazu Lyriker in der Tradition der ›Arbeiterdichtung‹ wie Max Barthel (1893–1975; *Botschaft und Befehl*, 1926), Karl Bröger (1886–1944; *Deutschland*, 1923) und Heinrich Lersch (1889–1936; *Wir Volk*, 1924; *Mensch im Eisen*, 1925).

Diese Dichtung bedient sich zur Feier des Germanischen und des Deutschtums der Ballade, wie Börries Freiherr von Münchhausen (1874–1945; *Das Balladenbuch*, 1924) und Franz Karl Ginzkey (1871–1963; *Balladenbuch*, 1931); zum Ausdruck religiöser Inbrunst der Formensprache des barocken Kirchenliedes wie Josef Weinheber (1892–1945; »Tuba, töne dem Herrn, ihr Hörner, erdröhnet! / Gott, wie danke ich dir, du hast mich verwöhnet! / Herr, ich frage nicht mehr. Du hast mich geprüft«[13]); zur Beschwörung von Überzeitlichkeit und Unendlichkeit des Sonetts wie Rudolf G. Binding (1867–1938; »Unzerstörbar steigt das Vergängliche auf«, in: *Die Gedichte*, 1941); zur Verklärung der Natur des Gleichmaßes von Reim und Rhythmus, wie Hans Carossa (1878–1956) in einigen seiner im Dritten Reich entstandenen Gedichte (»Gestreift vom Todeswind«, in: *Stern über der Lichtung*, 1947). Das Motto solcherart lyrischer Strategie könnte einem programmatischen Gedicht Josef Weinhebers mit dem Titel *Von den Formen* entliehen sein: »So alt gewohnt, / so neu beglichen: / Die Kunst belohnt / den Meisterlichen.«[14] So schlicht wie selbstgerecht findet diese Dichtung in ihren

13 Josef Weinheber, *Gedichte*, ausgew. von Friedrich Sacher, Hamburg 1966, S. 197.

14 Ebd., S. 368.

Formregressionen zum elegischen Distichon wie zur alkäischen und zur sapphischen Strophe zurück, zu Ewigkeitswerten, die aus der »deutschen Sprache« einen »Hymnus« und ein »zeitloses Lied« und aus dem einzelnen Wort eine »Sendung« – so die entsprechenden Gedichttitel Weinhebers – machen wollen. Von hier ist es nur mehr ein Schritt zu den prätentiös latinisierenden Gedichten eines Erwin Guido Kolbenheyer (1878–1962), deren Bilderarsenal bereits auf die spätere ›Blut-und-Boden‹-Lyrik des Nationalsozialismus vorausweist:

Fons salutifer

[...]
Aus der Urzeit ferner Stunde,
Aus der Erde Sternengrund
Schlürft von deinem heißen Munde,
Todesbangend,
Heilverlangend,
Reinigung der fürchtige Mund!
Pulsendes Gestirn, erflossen,
Und vom Blutespuls genossen,
Heilung, du, und Heiligung![15]

Wenn aber im Hinblick auf die Stilvielfalt um und nach 1900 von einer literarischen Gegenarbeit in einem strengen Sinn die Rede sein soll, wird man an erster Stelle nicht Benn, noch weniger Becher und auch nicht die Literatur der Neuen Sachlichkeit nennen müssen, sondern den poetischen Einzelgänger und Einzelkämpfer Rudolf Borchardt (1877–1945). Borchardt – seit 1902 mit wenigen Unterbrechungen in Italien zu Hause – hat sich in seiner Lyrik wie in seinen Reden und Essays mit aller ihm zur Verfügung stehenden Kraft konservativen Denkens und Argumentierens jenen Zeittendenzen entgegengestellt, die nach seiner

15 Erwin Guido Kolbenheyer, *Lyrisches Brevier*, München 1932, S. 126f.

Wahrnehmung zu Verflachung und Zersetzung von Form und Stil führen mussten. »Schöpferische Restauration« hieß das Programm – und übrigens auch der Titel seiner am 9. März 1927 gehaltenen programmatischen Rede –, das Borchardt seit Beginn des 20. Jahrhunderts durchzusetzen versuchte (*Geschichte des Heimkehrenden – Das Buch Joram*, 1905; *Rede über Hofmannsthal*, 1905; *Jugendgedichte*, 1913). Es sollte ein Rettungsprogramm sein, ein Programm zur Errettung der Poesie durch ihre Erneuerung im Geist der Idee »deutsche Nation«, ein Programm, zu dessen Formulierung Borchardt durch Johann Gottfried Herders *Älteste Urkunde des Menschengeschlechts* (1774–76) und durch das Werk Hugo von Hofmannsthals angeregt worden war und dessen Konsequenzen er bis zur Idee von einem autokratisch gedachten politischen Einzelwillen verfolgte (so in seiner Rede *Führung* vom 2. Januar 1931). Die Realität, die 1933 mit der nationalsozialistischen Machtübernahme einsetzte, entsprach freilich Borchardts Vorstellungen so wenig wie denen eines Gottfried Benn oder Ernst Jünger oder anderer Sympathisanten einer ›konservativen Revolution‹.

4 Lyrik von 1933 bis 1945

Es kann heute als gesicherte Erkenntnis gelten, dass die Daten 1933 und 1945 keinen Traditionsbruch angeben, sondern allenfalls eine Zäsur, die eine Phase der Vertreibung und Unterdrückung anzeigt, nicht nur der Literatur. Ferner ist bekannt, dass vor 1933 und nach 1945 zu einem guten Teil dieselben Autoren Texte veröffentlicht haben wie im Dritten Reich. Sowenig aber diese Daten Bruchstellen innerhalb der deutschen Geschichte – einschließlich der Literarhistorie – bezeichnen, sowenig lässt sich leugnen, dass jene historische Entwicklung, die in den Nationalsozialismus einmündet, ihre ideologiegeschichtlichen Voraussetzungen im Kontext eines komplexen ökonomischen und industriellen Entwicklungsprozesses findet. Dieser dauert im Jahr 1933 bereits über mehr als ein halbes Jahrhundert an. Seine Wirkungen zeigen sich in nationalchauvinistischen, rassistischen und antisemitischen Werken jener Zeit ebenso wie in der konservativen Kulturkritik der zwanziger und zu Beginn der dreißiger Jahre, die im Umkreis der Neuen Sachlichkeit entsteht, so bei Oswald Spengler (1880–1936), Hans Freyer (1887–1969), Ernst Jünger (1895–1998) und Arthur Moeller van den Bruck (1876–1925), aber auch bei Autoren völkisch-nationaler Prägung, die dem Nationalsozialismus vorgearbeitet haben wie Hans Grimm (1875–1959), Erwin Guido Kolbenheyer (1878–1962), Wilhelm Schäfer (1868–1952) und Emil Strauß (1866–1960). Autoren wie Heinrich Lersch, Hanns Johst (1890–1978), Hans Friedrich Blunck (1888–1961), Will Vesper (1882–1961), aber auch solche der Inneren Emigration wie Hans Carossa stellten sich nach 1933 staatlichen und parteiamtlichen Instanzen für Lesungen und Diskussionen bereitwillig zur Verfügung, um vor vollbesetzten Rängen gehorsam ihre Rolle als literarische Ideologen zu spielen. Kulturpolitisch unterworfen, künstlerisch ins herrschaftstechnische Kalkül des deutschen Faschismus eingespannt, bemühten sie sich freilich vergeblich, die Qualität von Literatur zugleich zur Entfaltung zu bringen und politisch zu instrumentalisieren: Alle kulturpolitischen Programme des Nationalsozialismus sind ästhetisch gescheitert.

Als Beispiele für die Schwierigkeit, unter solchen Voraussetzungen publizistisch zu überleben, können jene kulturpolitischen Zeitschriften gelten, in deren Umkreis es einer Reihe nicht-assimilierter Autoren nach 1933 gelang, weiterhin zu publizieren. Zu diesen Zeitschriften zählen vor allem die *Deutsche Rundschau*, die von Rudolf Pechel (1882–1961) redaktionell betreut wurde, sowie die von Peter Suhrkamp (1891–1959) herausgegebene, redaktionell unter anderem von Karl Korn (1908–1991) geleitete *Neue Rundschau*. Einer kritischen Würdigung bedürfen in diesem Zusammenhang auch die Autoren, die an der Zeitschrift *Das Innere Reich* mitarbeiteten. Rudolf Alexander Schröder ist hier neben anderen zu nennen, auch Jochen Klepper (1903–1942), Edzard Schaper (1908–1984) und Konrad Weiß. Aber auch Schriftsteller aus dem Umkreis der »Zeitung der jungen Gruppe Dresden«, die den Titel *Die Kolonne* trug, zählen zu den Autoren der Zeitschrift, Poeten wie Peter Huchel und Günter Eich. Die Zeitschrift *Das Innere Reich* kann als ein Publikationsforum der im Dritten Reich gleichzeitig erscheinenden, in seiner Vielfältigkeit jedoch widersprüchlichen deutschen Literatur im Dritten Reich bezeichnet werden, als ein kulturelles Spiegelbild der Sphäre eines alltäglichen Lebens, das noch vieles gemischt in sich aufnahm, was wir heute sorgfältig zu trennen pflegen.

NS-Lyrik

Zur Beantwortung der Frage, was ›nationalsozialistische Dichtung‹ sei, kann man auf eine überraschend produktive Weise an eine Bestimmung anknüpfen, die 1937 der NS-

Lyriker Gerhard Schumann (1911–1995) in einem Aufsatz mit dem Titel *Politische Kunst* in der Zeitschrift *SA-Mann* vorgetragen hat: »Es ist ein Unding, den nationalsozialistischen Künstler auf ein ödes Abwandeln des nationalsozialistischen Parteiprogramms beschränken zu wollen, ihn zum gefälligen Hausdichter, -maler oder -musiker der Partei und ihrer sich gegenseitig übertreffenwollenden Gliederungen zu machen. – Nicht die Tatsache wehender Hakenkreuzfahnen oder polternder Marschstiefel auf der Bühne, nicht die mystisch zusammengewürfelten Begriffe Blut, Ehre, Freiheit, Volk, Scholle, Führer usw., nicht die ölfarbene, blutige Darstellung sterbender Kämpfer, mit einem Wort, nicht der *Stoff*, sondern die *Haltung* entscheidet für uns.«[1]

Insbesondere an Schumanns Gedichtband *Wir aber sind das Korn*[2] lässt sich diese »Haltung« ablesen. Sie zeigt sich zunächst an ihrem Gestus des Aufbruchs. Die Situation, von der sie ihren Ausgang nimmt, beherrscht ein numinoses Dunkel, das von einer inhaltlosen, ungerichteten Spannung erfüllt wird. Die Bewegung des Aufbruchs besitzt kein Ziel. Sie ist vor allem Bewegung für sich:

Als wir die Fahnen durch das Grauen trugen –
Wir fragten nicht und wußten kaum warum.
Wir folgten, weil die Herzen herrisch schlugen,
Durch Hohn und Haß, marschierten treu und stumm.

(*Lied der Kämpfer*)[3]

Wenn auf düstrem Bergeskamme
Aufbrennt unsrer Sehnsucht Licht,
Und die heilge Glut der Flamme
Lodernd in die Weltnacht bricht,

1 Gerhard Schumann, »Politische Kunst?«, in: G. S., *Ruf und Berufung*, Berlin 1943, S. 13.
2 Gerhard Schumann, *Wir aber sind das Korn*, Berlin 1936.
3 Ebd., S. 71.

Stehn wir ernst geschart im Kreise,
Starren in lebendige Glut,
Spüren stark die wilde heiße
Deutsche Stimme uns im Blut.

(*Deutsche Sonnwend*)[4]

Die Identität, welche die Aufbruchsbewegung verbürgt, ist dualistisch strukturiert. Ob »Kampflyrik«, »Weihedichtung«, »volkhafte Dichtung« oder »Blut-und-Boden«-Sonette: Nationalsozialistische Dichtung feiert in sich selbst immer das Andere, das Bessere, das »Heterogene« zum gesellschaftlich »Homogenen« – um ein Begriffspaar Georges Batailles[5] aufzunehmen –, auch dann noch, als sie selbst, nach 1933, Teil einer neuen sozialen »Homogenität« ist. Dieser Dualismus setzt den Aufbruch suggestiv ins Recht: Das, was den Aufbruch nicht begründet, sondern anregt, ja befiehlt, steht in unversöhnlichem Widerspruch zur homogenen Ordnung. Herybert Menzels (1906–1945) poetologische Bestimmung des Dichters als Soldat kann hierfür als Beispiel dienen:

Das allerdings:
Es ziemt dem deutschen Dichter
Kampf gegen's Gelichter,
gegen die Feinde ringsum.
In seinen Versen muss er Trommeln schlagen,
das Sturmband tragen
ums schmale Gesicht.
Aufpeitschen muß er, zum Kämpfen, zum Hassen
und die Grimassen
der Feinde verhöhnen:
Sturm sein Gedicht.[6]

4 Ebd., S. 70.
5 Georges Bataille, *Die psychologische Struktur des Faschismus*, übers. von Rita Bischof [u. a.], Frankfurt a. M. 1978, S. 7 ff.
6 Herybert Menzel, »Gedichte«, in: *Künder und Kämpfer. Die Dichter*

Nationalsozialistische Lyrik ist ferner eine Dichtung der Heimkehr. Nach der Bewegung des Aufbruchs, nach der dualistischen Konfliktstruktur findet sie das Ziel ihrer Sehnsucht: die alte Heimat Deutschland, das neue Reich im Osten, das Dritte Reich hier und jetzt. Die Bewegung der Heimkehr deutet mithin auf »Uneingelöstes«, durchaus im Sinne Ernst Blochs. Doch verändert nationalsozialistische Dichtung die »Originalgeschichte des Dritten Reichs«[7] durch ihr Verfahren der Setzung: Der Gedanke eines neuen Reiches wird dem ästhetischen Prozess unterschoben, aufgezwungen. So wird sie zur Propaganda. Schumann verbindet Reichsidee und Wirklichkeit, indem er jeweils der letzten Zeile seiner Sonette im Zyklus *Die Lieder vom Reich* deren Versöhnung abpresst: »Verlor mich selbst, und fand das Volk, das Reich«, »Und über uns, im Licht des Doms, das Reich«, »So wuchs aus Blut und Erde neu das Reich«, »Sie [die Not] glüht aus vielen Volk, aus Volk das Reich«.

Nationalsozialistische Lyrik ist zudem sakrale Dichtung. Die Bewegung des Aufbruchs ist Bewegung für sich. Sie erhält ihre Richtung durch die Setzung – nicht Entwicklung – der Idee des Dritten Reichs. Dessen Verkörperung bildet der Führer. Aber die sakrale Feier des Führers in nationalsozialistischer Dichtung geht über die empirische Figur Adolf Hitler hinaus, auch wenn sie auf diese bezogen bleibt. Die »Führerlyrik« ist dabei nur ein Beispiel für die Sakralität nationalsozialistischer Dichtung. Unverkennbar ist in ihr die gläubige Hingabe in diesem Gottesdienst, unverkennbar aber auch die Entlastung, die solche Hingabe mit sich bringt: »Wir fragen nicht. Wir sind des Führers Faust«, heißt es in Schumanns *Lied der Kämpfer* (1936).

des neuen Deutschland, hrsg. von Paul Gerhardt Dippel, München 1939, S. 131.

7 Ernst Bloch, *Erbschaft dieser Zeit* (1935), Frankfurt a. M. 1973, S. 126 ff.

Die derart hergestellte spirituelle Gemeinschaft mit dem Führer findet ihre Parallele in einer literarisch konstituierten Volksgemeinschaft. Nationalsozialistische Dichtung will Massen-, sie will Gemeinschaftsdichtung sein. Aber sie wird dies nicht allein, nicht einmal in erster Linie durch inhaltliche Ansprache, durch agitatorische Stimulierung der ohnehin Gleichgesinnten wie im Gemeinschaftslied oder in der Kampflyrik. Sondern sie versucht diese Absicht zu realisieren durch die integrale Verwendung von Massensymbolen. Elias Canetti nennt solche Symbole »Haufen mancherlei Art«.[8] Er führt in *Masse und Macht* eine Reihe von Beispielen an: Feuer, Meer, Regen, Fluss, Wald, Korn, Wind, Sand, Steinhaufen, den Schatz. Bei Richard Euringer (1891–1953) heißt es:

> Wir sind das Meer, das graue Meer!
> Wir haben kaum das Fleckchen Land.
> Wir sind das Meer ohne Rand und Band.
> Wir sind das Meer, das graue Meer,
> wogend in Stürmen, unheilschwer.[9]

Wir aber sind das Korn lautet der Titel des Gedichtbandes, aus dem schon wiederholt zitiert wurde. Der Nationalsozialismus hat mit dem Zitat »unsichtbarer Massen«, in der erhabenen Feier der Toten immer auch eine Erhöhung der Lebenden, ja eine Sinngebung für diese mitformuliert. Sie diente auch der Feier der Gefallenen, dem Trost der Hinterbliebenen des Zweiten Weltkriegs. »Wir ruhen nicht. Die stummen Brüder zwingen«, heißt es in Schumanns *Heldischer Feier*. Und weiter: »Denn über Toten türmen sich die Taten.«[10] In der Bejahung des Opfers, in der Kultivierung des Todes für den Führer enthüllt sich der letzte

8 Elias Canetti, *Masse und Macht*, Frankfurt a. M. 1962, S. 81 ff.
9 Richard Euringer, *Deutsche Passion 1933*, Frankfurt a. M. 1933, S. 15.
10 Schumann (s. Anm. 2) S. 75.

Sinn des Zitats »unsichtbarer Massen« in nationalsozialistischer Dichtung.

Monumentalität und Auktorialität kennzeichnen die Sprechweise nationalsozialistischer Dichtung, mithin Sprechweisen des Männlichen, des Soldatischen: Befehl, Anweisung, Verpflichtung, wie sich beispielhaft in Schumanns Lyrik zeigt. Ihr Pathos, die Monumentalität ihrer Bilder findet ihren Ursprung im Entzug einer Wirklichkeit, deren Rekonstituierung gleichwohl unternommen wird. Deshalb erscheinen ihre Bilder bodenlos, ihr Sprachmaterial substanzlos. Sie arbeitet mit dem Mittel der Suggestion, das ihr aus der »Haltung« der Monumentalität und des Pathos, aus der auktorialen Redeweise zuwächst.

Lyrik der Inneren Emigration

Zu dieser Marsch-, Kampf- und Gemeinschaftslyrik bildet die Lyrik der Inneren Emigration einen äußersten Gegensatz. Der Begriff der »Inneren Emigration« ist literarhistorisch ebenso vieldeutig wie umstritten. Vieldeutig ist er vor allem wegen der Widersprüchlichkeit des Prozesses, den er benennt: Emigration nach innen konnte im Dritten Reich, im Angesicht totalitärer Herrschaftsgewalt, Flucht ebenso wie kalkulierten und realitätsgerechten Protest bedeuten. Es handelt sich dabei um eine zeitgenössisch verbreitete Metapher für eine Literatur, die Distanz zu wahren versuchte gegenüber den Übergriffen der NS-Kulturpolitik und die zugleich den Versuch unternahm – oder sich hierzu gezwungen sah –, eine eigene, widerständige Formensprache auszubilden, auch in der Lyrik.[11]

In der Naturlyrik dieser Zeit findet sich – wie in den Romanen der historischen Camouflage auch – als signifi-

11 Zu Begriff und Literatur der Inneren Emigration vgl. Ralf Schnell, *Literarische Innere Emigration 1933–1945*, Stuttgart 1976.

kantes Charakteristikum eine Prädominanz der Naturgewalt, einerseits als jenes von Elisabeth Langgässer treffend gegeißelte »anakreontische Tändeln mit Blumen und Blümchen über den [...] Abgrund der Massengräber«, andererseits als Zufluchtsort wie als Protestelement. Richtete sich die Kritik Langgässers gegen eine Naturlyrik in der Manier Georg Brittings und Georg von der Vrings, so bezeichnete sie im Gegensatz hierzu Oskar Loerke (1884–1941) und Wilhelm Lehmann (1882–1968) als »die beiden großen«, um »das metaphysische Element der Naturdichtung wissenden Lyriker dieser barbarischen Jahre«.[12] Hermann Kasack hat später für Loerke und Lehmann sogar das Prädikat »Widerstandsliteratur« in Anspruch genommen.[13] In der Tat zeigen sich, vor allem in Loerkes Gedichtbänden *Der Silberdistelwald* (1934) und *Der Wald der Welt* (1936), vielfältige Motive des Protests, des Verfolgtseins, der erlittenen Brutalität und der Angst, die sich problemlos auf die Realität des Dritten Reichs beziehen lassen. Doch Loerkes Lyrik ist, wie sein Gedicht *Abräumen* beispielhaft zeigt, in einem sehr viel umfassenderen Sinne ein Teil des literarischen Widerstandes im Dritten Reich, als die inhaltliche Verknüpfung mit dem Nationalsozialismus nahelegen mag:

[...]
Laßt! Was auch Menschen tun, sie schütten
Nur Staub auf; Fingerhüte voll und Bütten;
Und sind sie werktreu, – Hügel, Wüstendünen.
Laßt! Einmal werden alle wieder grünen.[14]

12 Elisabeth Langgässer, »Schriftsteller unter der Hitler-Diktatur«, in: *Ost und West* 1 (1947) H. 4, S. 40.

13 Hermann Kasack, »Oskar Loerke«, in: H. K., *Mosaiksteine. Beiträge zur Kunst und Literatur*, Frankfurt a. M. 1956, S. 150.

14 Oskar Loerke, *Gedichte und Prosa*, hrsg. von Peter Suhrkamp, Bd. 1: *Die Gedichte*, Frankfurt a. M. 1958, S. 442 f.

In dieser naturlyrischen Disposition zeigt sich ein Antiindustrialismus, der den Angriff gegen den Faschismus einbegreift, ohne auf diesen beschränkt zu bleiben. Es ist ein Antiindustrialismus, der sich von den verdinglichten Verkehrsformen der kapitalistischen Gesellschaft – einschließlich ihrer Entartung im Faschismus – lossagt, um seine Hoffnungen auf den Bereich der Natur zu projizieren.

Vor dem Hintergrund dieser Disposition bedarf auch der Begriff »Naturlyrik« einer Erweiterung. Denn es geht bei Loerke nicht nur um die eindimensionale Konstituierung eines Naturbereichs, sondern dieser ist, da er antithetisch auf die empirische »Welt« bezogen wird, zugleich auch als »Gegenwelt« gedacht und geformt. Eben hierin besteht auch die qualitativ entscheidende Differenz zur Naturlyrik Wilhelm Lehmanns. Während Loerke über die im engeren Sinne naturlyrische Thematik hinaus ein ganzes Netz aus Gegenwartsbezügen, Anspielungen und Allegorisierungen knüpft, um sein Verdikt über die historische und gesellschaftliche Realität zu sprechen, begnügt sich Lehmann in den im Dritten Reich erschienenen Gedichtbänden *Antwort des Schweigens* (1935) und *Der Grüne Gott* (1942) zumeist damit, nur sehr verhalten Zustände zu benennen oder Distanzierungen anzudeuten, die vage Assoziationen zur nationalsozialistischen Gegenwart erlauben.

Loerke hingegen versucht, die Totalität der Welt in seinen Gedichten zu erschließen und das naturlyrische Gedicht als Erkenntnismedium zu benutzen, in dessen Dichte, in dessen Konzentration, in dessen Bilderwelt, in dessen Metaphorik sich Zusammenhänge der gesellschaftlichen Wirklichkeit fassen und repräsentieren lassen. Er montiert unterschiedliche Sprachwirklichkeiten ineinander, fügt heterogene Welten – natürliche, gesellschaftliche, auch die der Industrialisierung, Maschinen und Technik – in seine Bilderwelt und nimmt dabei klare Wertungen vor. Das lyrische Ich Loerkes in diesen Gedichtbänden aus der Zeit des Dritten Reichs leidet, empfindet Schmerz, klagt und unternimmt zugleich im lyrischen Sprechen den Versuch, seine begrenzte Situation zu überwinden und sich aus dieser Wirklichkeit heraus sprachlich zu entfernen, zu befreien. Das Gedicht *An die Grundmächte* repräsentiert diese Haltung des lyrischen Ich sehr deutlich:

Es zählt vor euch nicht, daß ich Schmerzen leide.
Es schweigt die Weide,
Wenn man zur Flöte sie schneidet und schält.
Doch dass ich leide und nicht meutere,
Und was ich mir draus läutere
Zum Zwiegespräch mit euch, es zählt.[15]

Ein Ich setzt sich hier einem Baum gleich oder jenem Teil eines Baumes, der zur Flöte geschnitten, also benutzt wird und Leid erfährt, indem man ihn seines natürlichen Zusammenhanges beraubt, zurichtet, zuschneidet. All das kann dieses Ich erfahren, damit kann es sich auseinandersetzen. »Und was ich mir draus läutere« – das ist für Loerke die Arbeit an und mit dem Gedicht und der lyrischen Sprache. Insoweit handelt es sich um ein poetologisches Gedicht. Es spricht über die Möglichkeiten der Poesie, über die Möglichkeiten des lyrischen Ich, sich in dieser Schmerz zufügenden Wirklichkeit zu behaupten, reflexiv, in Form der Auseinandersetzung mit der poetischen Sprache. Auf diese Weise wird der Begriff Natur extrem ausgedehnt.

Genesungsheim

Was schlug man diesen zum Krüppel?
Er dachte hinter der Stirn:
Da öffnete ihm der Knüppel
Den Schädel, und Hirn war nur Hirn.

[…][16]

15 Ebd., S. 467.
16 Ebd., S. 440.

Das Gedicht spielt ganz unverkennbar auf die Situation der Konzentrationslager an, auf die Folterung, Demütigung, Entwürdigung von Menschen, auf ihre Tötung, ihre Ermordung. Aber indem Loerke *Genesungsheim* darüber schreibt, lenkt er in gewisser Weise ironisch ab von der einfachen Dechiffrierung dieses Gedichtes. Das Gedicht konnte untertauchen im Gesamtzusammenhang eines solchen Gedichtbandes.

Der zweite große Naturlyriker im Dritten Reich ist Wilhelm Lehmann. Er ist sehr viel entschiedener als Loerke Naturlyriker im engeren Sinn. Er wendet sich den Naturdetails zu, dem einzelnen Baum, dem einzelnen Blatt. Er versucht, in diesem Einzelnen das Ganze zu erfassen. In dem Gedicht *Trost der Blätter* finden sich diese Formen, diese Sentenzen, diese epigrammatischen Formeln, in denen Lehmann versucht, sich konzentriert eine Gegenposition zu erarbeiten. Der Band *Antwort des Schweigens*, aus dem dieses Gedicht stammt, ist der Versuch, der Natur auf der Spur zu bleiben:

> Finde ich dich, bin ich erst allein,
> Willst du immer mein Erretter sein?
>
> Zauberer, in Grün gekleidet,
> Vogelhirt, der seine Ammen weidet,
>
> [...]
>
> Die ihr röchelt, die ihr schreit,
> Grüner Zauberer steht euch bereit.
>
> Laßt das tränenschwere Auge übergehn:
> Leichte Blätter, werden wir uns wiedersehn.[17]

17 Wilhelm Lehmann, *Sämtliche Werke in drei Bänden*, Bd. 3, Gütersloh 1961, S. 515.

Hier ist unüberhörbar, unübersehbar ein Appell formuliert: Es gibt für jene, die röcheln und schreien, den »Trost der Blätter«, einen Bereich, der Rettung bringen kann, einen zauberhaften Bereich Merlins oder Pans. Die göttliche, magische, mystische Natur steht bereit als Ort und als Hort. Diese Geste ist Loerkes Gedichten vergleichbar: ein poetisches Angebot, sich der Dichtung zuzuwenden, die eine solche Möglichkeit bietet. Hier wird Natur als Gegenreich zum Dritten Reich konstituiert, als eine eigene Wirklichkeit, die sich deutlich abhebt von der affirmativen Naturlyrik Georg Brittings (1891–1964), Agnes Miegels (1879–1964) oder Georg von der Vrings (1889–1968), mit der auf dumpfe Weise völkische Ideologien transportiert werden. Ihr fehlt die Ambivalenz, die Spannung von Flucht und Protest, wie sie bei Loerke und selbst in den naturlyrischen Zufluchtsangeboten Lehmanns noch vorhanden ist. Denn man sollte auch dies nicht übersehen: Flucht im Dritten Reich, Flucht vor dem Terror des Nationalsozialismus spricht immer auch ein Urteil über die Wirklichkeit, vor der sich ein Subjekt – und selbst ein lyrisches Ich – zurückzieht.

Lyrik des Widerstands

Eine qualitativ andere Möglichkeit, durch Lyrik Widerstand zu leisten, stellen die *Moabiter Sonette* Albrecht Haushofers (1903–1945) dar. Ihr Autor, der Kontakt zum Widerstand des 20. Juli 1944 hielt, wurde kurz vor der Einnahme Berlins durch die sowjetischen Truppen von einem SS-Kommando erschossen. In den Händen des Toten fand man jene Gedichte, die bis heute von einem Widerstandsgeist aus der Tradition des christlichen Humanismus Zeugnis geben. Wichtiger als die Inhalte dieser Sonette – der Appell an eine unbeirrbare Individualität, an Gemeinschaftsgeist und Brüderlichkeit, der Versuch, das Dritte

Reich zu begreifen – mag die Tatsache erscheinen, dass Dichtung, und zwar gerade in der sehr traditionellen Formensprache des Sonetts, einen Beitrag zur Verarbeitung von Bedrohungen, zur Selbstverständigung, zur Wiederherstellung eines individuellen Widerstandswillens geleistet hat. Wenn diese Gedichte und mit ihnen viele andere Zeugnisse des Widerstandswillens auch erst nach dem Zweiten Weltkrieg bekannt wurden, so dürfen sie doch als Indiz einer verbreiteten und zunehmenden Bereitschaft gelten, auch innerhalb des Dritten Reichs den Nationalsozialismus zu bekämpfen. Für Albrecht Haushofer allerdings gilt der Aspekt der Ambiguität, des Widerspruchs von Werk und Existenz in besonderer Weise: Noch bis 1941 aktiver Mitarbeiter des Auswärtigen Amtes, verfasste er zugleich im Dritten Reich regimekritische Dramen (*Scipio*, 1934; *Sulla*, 1938; *Augustus*, 1939), die, in der Form historischer Camouflage, thematisch das Verhältnis von Macht und Machtmissbrauch umspielen.

Allerdings wird man auch dies sagen müssen: Sowohl die literarische Innere Emigration als auch die Widerstandsliteratur im Dritten Reich sind Beispiele weitgehend individueller Kritik, isolierten Widerstandes. Es bestand innerhalb Deutschlands keine literarische Widerstandsfront, die sich aus einem Geist gespeist, über eine gemeinsame Zielsetzung definiert hätte, sondern es gab ein sehr breites Spektrum sehr unterschiedlicher literarischer und ästhetischer Positionen, die bis in die Formensprache hinein ihre Unterschiede bewahrten. Für einen Autor wie Georg Kaiser (1878–1945) etwa, der vor seiner Flucht ins Schweizer Exil im Berliner Untergrund 1936 eine Reihe von Gedichten mit Fäkal- und Analvokabular verbreitet hatte, lässt sich keine Zugehörigkeit zu irgendeiner Gruppe oder Organisation oder Weltanschauung ausmachen – mit Ausnahme eben der Position eines entschiedenen, ja radikalen Antifaschismus, dessen Radikalität bis ins gewählte Vokabular spürbar bleibt.

Kaiser hat in den Jahren 1935 und 1936 Gedichte geschrieben und im Untergrund verbreitet, die von einer Radikalisierung und Desillusionierung des meist nur als Expressionist gewürdigten, in der Weimarer Zeit hochgerühmten und häufig gespielten Dramatikers zeugen. Wie andere Autoren auch muss Kaiser schließlich nach einer Hausdurchsuchung wegen der zu befürchtenden weiteren Repressalien ins Exil gehen – zunächst, 1938, nach Holland, dann in die Schweiz –, wie andere hat auch er unter schwierigsten materiellen Bedingungen zu leiden (Ausweisungsandrohungen, Verweigerung eines Visums für die USA, Publikationsverbot, Entzug von Aufenthaltsgenehmigungen), bis er im Juni 1945, nur wenige Wochen nach dem ersehnten Ende des Krieges, im Exil stirbt. Kein außergewöhnlicher Lebenslauf mithin, vielmehr ein auch im Rückblick noch bedrückend alltäglicher Weg aus der Geschichte der deutschen Exilliteratur. Was dennoch gerade Georg Kaisers Entwicklung von der sprachlosen Existenz im Dritten Reich zu einem absurden Dasein im Exil paradigmatisch erscheinen lässt, ist die fortschreitende Desillusionierung eines Künstlers über die Wirkungmöglichkeiten seines Werks in der Epoche des Faschismus, die sich als grundsätzliche Problematisierung des Verhältnisses von Kunst und Gesellschaft auswirkt. Seine 1969 erstmals veröffentlichten politischen Gebrauchsverse sind aus Kontakten Kaisers zum proletarischen Untergrund hervorgegangen. Sie zeigen, dass Kaiser von den Arbeitern denunziatorischen Witz, politische Ketzereien und Schmähungen der NS-Führung übernommen hat:[18]

18 Georg Kaiser, *Die Gasgesellschaft*, hrsg. von Walther Huder, Berlin 1968.

Der Kaulb...

Der Kaulbarsch fand sich hinten kürzer,
er hält sein Ende nicht für fein,
so schreibt er in das Fischregister
sich nur als Kaulb und sonst nichts ein.

Tatsächlich hat Kaiser in seinem heute schwer verständlichen, zeitpolitisch gesehen anspielungsreichen Gedicht Fakten der persönlichen Biographie Hitlers metaphorisch verarbeitet, die zur Zeit der Niederschrift als allgemein bekannt vorausgesetzt werden konnten. Die verkürzende Veränderung des »Kaulbarschs« zum »Kaulb« und der Hinweis auf die Eintragung ins »Fischregister« findet ihre biographische Parallele in der Veränderung des ursprünglichen Familiennamens Schicklgruber zu Hitler. Sie mochte erste Assoziationen im Sinne des Autors wecken. Zugleich deutet diese Namensverkürzung auf Kastrationsvorgänge, die im Zusammenspiel mit dem diffamierenden Hinweis »hinten kürzer« und dem fortgelassenen Teil des Wortes »Kaulbarsch« einen denunziatorischen Sinn bekommen. Das Gedicht hält so Gerüchte einer latenten oder tatsächlichen Homosexualität, aber auch einer möglichen Impotenz des nationalsozialistischen »Führers« wach, wie sie seit der öffentlichen Anprangerung von angeblichen SA-»Verfehlungen« nach dem »Röhm-Putsch« 1934 im Umlauf waren. Kaiser konnte deshalb davon überzeugt sein, dass die potenziellen Leser dieses Gedicht als sarkastische Charakteristik Hitlers verstehen würden.

Kaisers literarische Antwort auf die Herrschaftsverhältnisse im Dritten Reich war eine ebenso politische wie unästhetische Kritik an den Herrschenden. Sie verweigerte sich nach Form und Inhalt jeglicher Integration. Die Tatsache, dass der Dramatiker Kaiser in dieser Weise seine Fähigkeiten als Autor operativ eingesetzt hat, bietet jedoch keinen Anlass, ihn literarhistorisch umstandslos unter dem ebenso weiten wie problematischen Etikett des »Antifaschismus« zu verbuchen. In Kaisers Entwicklung stellen seine Untergrundgedichte vielmehr ein isoliertes, dieser Entwicklung sogar widersprechendes Phänomen dar. Er legte mit ihnen ein nicht gering zu schätzendes Zeugnis seiner Weigerung ab, im esoterischen Rückzug oder im gänzlichen Verstummen eine dauerhafte Existenz im Dritten Reich zu finden. Kaisers ästhetische *Praxis* einer radikalen Denunziation der Herrschenden im Dritten Reich widerspricht noch in ihren Verfallserscheinungen dem Verfall der Gesellschaft, aus der sie hervorgeht.

Lyrik des Exils

Die Untergrundgedichte Georg Kaisers sind über Jahrzehnte hinweg vergessen worden, ein literaturgeschichtliches Schicksal, das sie mit einem großen Teil der Exillyrik aus den Jahren 1933 bis 1945 verbindet. Zwar findet sich bereits 1960 unter dem Titel *An den Wind geschrieben*[19] der Versuch einer ersten Bestandsaufnahme der deutschsprachigen Exillyrik, doch wird hier bei der Auswahl der Autoren und Gedichte durchaus selektiv, nach den Kriterien einer ›westlich‹ orientierten Literaturwissenschaft verfahren. Erst Mitte der 1980er Jahre ist in einer verdienstvollen Anthologie[20] der Versuch eines Überblicks über den gesamten quantitativen wie qualitativen Reichtum des lyrischen Exils unternommen worden. 347 Gedichte von 76 Autoren wurden aus Lyrikanthologien der Exil- und der Nachkriegszeit wie aus der Exilpresse zusammengetragen. Auch wenn man fragen muss, ob die Aufnahme von Autoren wie Kurt Tucholsky (der nach 1932 keine Gedichte

19 *An den Wind geschrieben. Lyrik der Freiheit. Gedichte der Jahre 1933–1945*, hrsg. von Manfred Schlösser, Berlin 1960.

20 *Lyrik des Exils*, hrsg. von Wolfgang Emmerich und Susanne Heil, Stuttgart 1985.

mehr schrieb), Karl Kraus (der nicht im Exil war) oder Rose Ausländer, Paul Celan und Hilde Domin (die erst nach 1945 im Exil zu leben oder zu publizieren begannen) oder gar von Georg Kaisers *Gasgesellschaft*-Gedichten unter die Rubrik ›Lyrik des Exils‹ in einem strengen Sinn gerechtfertigt ist[21] bietet diese Sammlung in jedem Fall eine staunenswerte Vielzahl und Vielfalt von Gedichten, die im Einzelnen zur Kenntnis zu nehmen nachdrücklich empfohlen sei.

Nicht übersehen werden sollte dabei, dass es die Erfahrung eines literarischen Exils bereits seit Jahrtausenden gibt und dass sich die Exilautoren nach 1933 dieser problematischen Tradition durchaus bewusst waren, allen voran Bertolt Brecht. Seinen zwischen 1933 und 1945 entstandenen Gedichten – ebenso wie jenen von Fritz Brügel (1897–1955), Alfred Kerr (1867–1948), Rudolf Leonhard (1889–1953), Erich Weinert (1890–1953), Oskar Maria Graf (1884–1967), Max Herrmann-Neiße (1886–1941), Jesse Thoor (1905–1952), Theodor Kramer (1897–1958), Alfred Wolfenstein (1883–1945), Karl Schnog (1897–1964), Ernst Waldinger (1896–1970), Werner Kraft (1896–1991), Berthold Viertel (1885–1953), Michael Hamburger (1924–2007), Nelly Sachs (1891–1970) und Else Lasker-Schüler – liegt eine Erfahrung zugrunde, die sie in eine Traditionslinie mit den großen Autoren von der Antike bis ins 19. Jahrhundert stellt: die Erfahrung der Bedrohung, Vertreibung und Verbannung aus politischen Gründen. Diese Erfahrung freilich schuf die Bereitschaft zum Widerstand, auch und gerade mit den Mitteln der Poesie: »In mir streiten sich / Die Begeisterung über den blühenden Apfelbaum / Und das Entsetzen über die Reden des Anstreichers [Hitler]. / Aber nur das zweite / Drängt mich zum Schreibtisch«[22] – so Bertolt Brecht, dessen Gedicht

21 Vgl. hierzu die Begründung der Herausgeber, ebd., S. 26ff.
22 Brecht (s. Kap. 3, Anm. 4) Bd. 14, S. 432.

Schlechte Zeit für Lyrik ein repräsentatives Beispiel für den Schreibimpuls der Exillyrik darstellt. Der Versuch, Poesie zu funktionalisieren, für den zeitgeschichtlichen Kommentar wie für den politischen Kampf, bildet den Kern der impliziten Poetik, die nahezu jedem Exilgedicht eingeschrieben ist.

Mit der Fortdauer der NS-Diktatur in Deutschland rückt die Exil-Erfahrung selber ins thematische Zentrum, mit ihr zugleich die Problematik des Ich-Verlusts, die Bedrohung der personalen Identität der Autoren und damit der poetischen Identität ihrer literarischen Arbeit. Flucht, Krieg – auch der Bürgerkrieg in Spanien –, bürokratische Schikanen, wechselnde Länder und Lebensformen markieren weitere Entwicklungsstationen der Exillyrik, die sich im Übergang zu den vierziger Jahren zunehmend ein eigenes Profil zu erarbeiten beginnt, mit prägnanten Schwerpunkten und Konturen. Das breite Spektrum an Themen und Formen, das die Lyrik des Exils kennzeichnet – Satiren, Parodien, Schmähgedichte, Mahn- und Warngedichte, Chroniken und Deutschland-Bilder, mythologische Projektionen, poetologische Gedichte, Gedenk- und Klage-Gedichte, die Formen des Sonetts, der Ballade, der Elegie, gereimt und in regelmäßigen Rhythmen wie auch ungereimt und in unregelmäßigen Rhythmen –, hat kein anderer Autor so zu nutzen gewusst wie Bertolt Brecht. Sein Weg und sein Werk können beispielhaft für die Entwicklung der Exillyrik seit 1933 stehen. Am 28. Februar 1933, einen Tag nach dem Reichstagsbrand, geht der 35jährige Autor ins Exil, gemeinsam mit Helene Weigel und dem Sohn Stefan. Brecht wird ausgebürgert, sein Werk wird in Deutschland verboten. Tschechoslowakei, Österreich, Schweiz, Frankreich, Dänemark, Schweden, Finnland, Russland und USA heißen die Stationen seines Exils, das von nun an, für mehr als eineinhalb Jahrzehnte, seine Lebensform sein wird – und die Lebensform seiner Poesie, »öfter die Länder als die Schuhe wechselnd« (Brecht). Und noch die Rückkehr im

Jahr 1948, nach dem ebenso lächerlichen wie demütigenden Verhör vor dem McCarthy-Ausschuss, wird ihm schwer gemacht: wiederum die Schweiz, dann Österreich, und da Brecht kein Visum für die amerikanische Besatzungszone erhält, muss er über Prag nach Berlin reisen.

Brecht zählt in den Vereinigten Staaten (seit 1941) zum Mittelpunkt der Zirkel, die von den deutschen Exilanten gebildet werden. Er hat Kontakt zu deren bedeutendsten Repräsentanten und steht in zum Teil engem Austausch mit den künstlerischen und intellektuellen Eliten seiner Umgebung. Zu Brechts Freunden und Kollegen im amerikanischen Exil gehören Lion Feuchtwanger, Alfred Döblin, Leonhard Frank, Fritz Kortner, Erich Maria Remarque – um nur einige wenige Namen zu nennen –, es gibt Kontakte zu Charlie Chaplin, zu Karl Korsch und Friedrich Pollock, Kooperationen mit Fritz Lang, Hanns Eisler und Orson Welles. Es gibt Konkurrenzmechanismen und Feindschaften im Exil, intime und subtile Intrigen und Anlässe für kritische Auseinandersetzungen und boshafte Sottisen. Theodor W. Adorno, Max Horkheimer und das ganze Institut für Sozialforschung etwa nimmt sich Brecht in seinem »Tui-Roman« vor. Thomas Mann trifft Brecht nur gelegentlich und zufällig – und, so Brecht, »dann schauen 3000 Jahre auf mich herab«.[23] Vor allem aber hat Brecht unter seinem amerikanischen Wohnort, dem kapitalistischen, marktorientierten, warenfetischisierenden Glitzerding namens Hollywood, wo er »Lügen verkaufte«, gelitten. Seine *Hollywood-Elegien* reflektieren diese Erfahrung ebenso kunstvoll wie unerbittlich: »Unter den grünen Pfefferbäumen / Gehen die Musiker auf den Strich, zwei und zwei / Mit den Schreibern. Bach / Hat ein Strichquartett im Täschchen. Dante schwenkt / Den dürren Hintern.«[24]

23 Klaus Völker, *Brecht-Chronik*, München 1976, S. 87.
24 Brecht (s. Kap. 3, Anm. 4) Bd. 12, S. 115.

Die Erfahrungen des Exils haben sich den Gedichten, die ihrer produktiven Verarbeitung dienen sollten, unverlierbar eingeschrieben, im Fall Brechts auf eine Weise, die den Charakter seiner Lyrik grundlegend verändert hat. Brecht spricht ausdrücklich von einer »sprachwaschung[25], der er seine Gedichte unterziehen müsse, von »einer art ›basic german‹«, das er seiner lyrischen Produktion unterlege. Das heißt aber: Brecht hat seine vielfältige und vielgestaltige Lyrik sehr bewusst und sehr kalkuliert in einen Funktionszusammenhang eingefügt, der sich in einem weiten Sinn als Kampf gegen den Faschismus bestimmen lässt. Dies Programm »entspricht durchaus nicht einer theorie, ich empfinde den mangel in ausdruck und rhythmus, wenn ich solch eine sammlung durchlese, aber beim schreiben (und korrigieren) widerstrebt mir jedes ungewöhnliche wort. gedichte wie Die Landschaft des Exils nehme ich nicht auf, das ist schon zu reich«.[26]

Die politische Dimension lässt sich der Exil-Lyrik Brechts allenthalben ablesen, beispielhaft von den *Svendborger Gedichten* über die *Steffinsche Sammlung* bis zu den *Hollywood-Elegien.* Im Widerstreit liegen diese Gedichte jedoch nicht allein mit dem NS-Regime, sondern ebenso mit dem Verhältnis zur eigenen Heimat, zu Vaterland und Muttersprache, einem durch die politische Situation prekär gewordenen Verhältnis zur eigenen Herkunft. Die geopolitische, historische und soziale Einheit Deutschland verändert sich unversehens zum Topos ›Deutschland‹, zu einem symbolischen Raum, der Projektionen von Sehnsucht und Trauer, Liebe und Melancholie, Leidenschaft und Leiden auf sich zieht. Johannes R. Becher in seiner »Deutschland«-Dichtung hat diesem Projektionsraum ganze Zyklen pathetisch aufgeladener Gedichte gewidmet,

25 Bertolt Brecht, *Arbeitsjournal*, hrsg. von Werner Hecht, Berlin 1972, S. 155.
26 Ebd., S. 714 f.

deren Themenspektrum sich von der Erfahrung des Exils (»Verbannte, ihr, die ihr den jahrelangen / Endlosen Weg zu Ende seid gegangen / Und habt nur eins, der Rückkehr Tag, begehrt –«[27]) über das Sehnsuchtsmotiv (»Kehrt um und lasst die Fahnen / Heimwärts, heimwärts nach Deutschland wehn!«[28]) bis zur glückserfüllten Vision der Befreiung (»Dann: Farbe, Klang und Wort! Glänzt, dröhnt und jubiliert!«[29]) erstreckt. Anders dichtet Brecht, der – gegenüber Bechers Deutschland-Lyrik im Exil stets kritisch eingestellt[30] – seinem Verhältnis zum nationalsozialistischen Deutschland einen abgründigen Ausdruck gegeben hat. Nach dem Motto: »Mögen andere von ihrer Schande sprechen, ich spreche von der meinen« erscheint »Deutschland« in Brechts Gedicht gleichen Titels zweimal, am Anfang und am Ende, als »bleiche Mutter«, besudelt, befleckt, zugerichtet – dazwischen entfaltet sich ein Panorama aus allegorischen Figurationen des Faschismus: Gewalt, Blut und Tod, ein Panorama der Lüge, der Unterdrückung, der Ausbeutung, des Raubes und des Mordens:

O Deutschland, bleiche Mutter!
Wie sitzest du besudelt
Unter den Völkern.
Unter den Befleckten
Fällst du auf.

Von deinen Söhnen der ärmste
Liegt erschlagen.

27 Johannes R. Becher, »Exil«, in: J. R. B., *Gesammelte Werke*, 18 Bde., Berlin/Weimar 1966 ff., Bd. 5: Gedichte 1942–1948, ebd. 1967, S. 579.
28 »Abendlied nach Matthias Claudius«, in: ebd., S. 159.
29 »Tränen des Vaterlandes Anno 1937«, in: ebd., Bd. 4: *Gedichte 1936–1941*, Berlin/Weimar 1966, S. 13.
30 Vgl. hierzu Wolfgang Emmerichs Einleitung zu *Lyrik des Exils* (s. Anm. 20) S. 48 ff.

[…]

In deinem Hause
Wird laut gebrüllt was Lüge ist
Aber die Wahrheit
Muß schweigen.
Ist es so?

[…]

Und dabei sehen dich alle
Den Zipfel deines Rockes verbergen, der blutig ist
Vom Blut deines
Besten Sohnes.

[…]

O Deutschland, bleiche Mutter!
Wie haben deine Söhne dich zugerichtet
Daß du unter den Völkern sitzest
Ein Gespenst oder eine Furcht.[31]

»Es führt von der Poesie kein directer Weg ins Leben, aus dem Leben keiner in die Poesie«, hatte der junge Hofmannsthal 1895 in seinem eingangs zitierten Vortrag *Poesie und Leben* gesagt. Knapp vier Jahrzehnte später gibt Brechts im Exil entstandene Lyrik eine sehr andere, eine unmissverständliche Antwort auf die Frage, in welcher Weise das »Leben« auf die Poesie einzuwirken vermochte.

31 Brecht (s. Kap. 3, Anm. 4) Bd. 11, S. 253 f.

Bibliographie

I Allgemeines

Zur Metrik

Asmuth, Bernhard: Aspekte der Lyrik. Mit einer Einführung in die Verslehre. Düsseldorf 1972.
Behrmann, Alfred: Einführung in den neueren deutschen Vers. Stuttgart 1989.
Breuer, Dieter: Deutsche Metrik und Versgeschichte. München ^{4}1999. (UTB 745.)
Frank, Horst Joachim: Handbuch der deutschen Strophenformen. 2., durchges. Aufl. Tübingen/Basel 1993. (UTB 1732.)
Kayser, Wolfgang: Kleine deutsche Versschule. Bern 1946 [u. ö.].
– Kleine Versschule. Bern ^{17}1975.
Lotman, Jurij M.: Vorlesungen zu einer strukturalen Poetik. Einführung, Theorie des Verses. Hrsg. von Karl Eimermacher. Übers. von Waltraud Jarchow. München 1972.
Moennighoff, Burckhardt: Metrik. Stuttgart 2004.
Paul, Otto / Glier, Ingeborg: Deutsche Metrik. München ^{9}1974.
Wagenknecht, Christian: Deutsche Metrik. Eine historische Einführung. München ^{4}1999.

Zur Geschichte

Gedichte und Interpretationen. 7 Bde. Stuttgart 1982–97.
Haupt, Sabine / Wurffel, Stefan Bodo (Hrsg.): Handbuch Fin de Siècle. Stuttgart 2008.
Hinck, Walter: Stationen der deutschen Lyrik. Von Luther bis in die Gegenwart. 100 Gedichte mit Interpretationen. Göttingen 2000.
Hinderer, Walter (Hrsg.): Geschichte der politischen Lyrik in Deutschland. Stuttgart 1978.
– Einleitung. Über Geschichtslyrik. In: W. H. (Hrsg.): Geschichte

im Gedicht. Texte und Interpretationen. Protestlied, Bänkelsang, Ballade, Chronik. Frankfurt a. M. 1979.

Hinderer, Walter (Hrsg.): Geschichte der deutschen Lyrik vom Mittelalter bis zur Gegenwart. Stuttgart 1983.

Kaiser, Gerhard: Augenblicke deutscher Lyrik. Gedichte von Martin Luther bis Paul Celan. Frankfurt a. M. 1987.

– Geschichte der deutschen Lyrik von Heine bis zur Gegenwart. Ein Grundriß in Interpretationen. 3 Bde. Frankfurt a. M. 1991.

– Geschichte der deutschen Lyrik von Goethe bis zur Gegenwart. Ein Grundriß in Interpretationen. 3 Bde. Frankfurt a. M. / Leipzig 1996.

Matt, Peter von: Die verdächtige Pracht. Über Dichter und Gedichte. München 2001.

Schillemeit, Jost (Hrsg.): Interpretationen I. Deutsche Lyrik von Wekherlin bis Benn. Frankfurt a. M. 1965.

Schnell, Ralf: Deutsche Literatur von der Reformation bis zur Gegenwart. Reinbek 2011.

Wiese, Benno von (Hrsg.): Die deutsche Lyrik. Form und Geschichte. Interpretationen. Bd. 1: Vom Mittelalter bis zur Frühromantik. Bd. 2: Von der Spätromantik bis zur Gegenwart. Düsseldorf 1956.

Zur Poetik

Adorno, Theodor W.: Ästhetische Theorie. Frankfurt a. M. 1970.

Grimm, Reinhold (Hrsg.): Zur Lyrik-Diskussion. Darmstadt 1974.

Hildebrand, Olaf (Hrsg.): Poetologische Lyrik von Klopstock bis Grünbein. Gedichte und Interpretationen. Köln/Weimar/Wien 2003. (UTB 2383.)

Höllerer, Walter: Theorie der modernen Lyrik. Dokumente zur Poetik. Reinbek 1965. – Neuausg. hrsg. von Norbert Miller und Harald Hartung in Verb. mit Thomas Markwart. 2 Bde. München/Wien 2003.

Iser, Wolfgang (Hrsg.): Immanente Ästhetik – Ästhetische Reflexion. Lyrik als Paradigma der Moderne. München 1966.

Killy, Walther: Elemente der Lyrik. München 1972.

Kurz, Gerhard: Metapher, Allegorie, Symbol. Göttingen ^{3}1993.

Stoffer-Heibel, Cornelia: Metaphernstudien. Versuch einer Typologie der Text- und Themafunktionen der Metaphorik in der Lyrik Ingeborg Bachmanns, Peter Huchels und Hans Magnus Enzensbergers. Stuttgart 1981.

Zeller, Michael: Gedichte haben Zeit. Aufriß einer zeitgenössischen Poetik. Stuttgart 1982.

Zu Gattungsproblemen

Austermühl, Elke: Poetische Sprache und lyrisches Verstehen. Studien zum Begriff der Lyrik. Heidelberg 1981.

Bockelmann, Eske: Propädeutik einer endlich gültigen Theorie von den deutschen Versen. Tübingen 1991.

Böckmann, Paul: Formen der Stimmungslyrik. In: P. B.: Formensprache. Studien zur Literarästhetik und Dichtungsinterpretation. Darmstadt 1966. S. 425–452.

Burdorf, Dieter: Einführung in die Gedichtanalyse. Stuttgart Weimar 1995. ^{2}1997. (Sammlung Metzler. 284.)

Gnüg, Hiltrud: Entstehung und Krise lyrischer Subjektivität. Vom klassischen lyrischen Ich zur modernen Erfahrungswirklichkeit. Stuttgart 1983.

Homann, Renate: Theorie der Lyrik. Heautonome Autopoiesis als Paradigma der Moderne. Frankfurt a. M. 1999.

Killy, Walther: Elemente der Lyrik. München ^{2}1972.

Krummacher, Hans-Henrik: Das »als ob« in der Lyrik. Köln/Graz 1965.

Lamping, Dieter: Das lyrische Gedicht. Definitionen zu Theorie und Geschichte der Gattung. Göttingen 1989.

Lehnert, Herbert: Struktur und Sprachmagie. Zur Methode der Lyrik-Interpretation. Stuttgart [u. a.] 1966.

Pestalozzi, Karl: Die Entstehung des lyrischen Ich. Studien zum Motiv der Erhebung in der Lyrik. Berlin 1970.

Segebrecht, Wulf: Das Gelegenheitsgedicht. Ein Beitrag zur Geschichte und Poetik der deutschen Lyrik. Stuttgart 1977.

Sorg, Bernhard: Das lyrische Ich. Untersuchungen zu deutschen Gedichten von Gryphius bis Benn. Tübingen ^{2}1985.

– Lyrik interpretieren. Eine Einführung. Berlin 1999.

Staiger, Emil: Grundbegriffe der Poetik. Zürich 1946. [8]1968.
Völker, Ludwig (Hrsg.): Theorie der Lyrik. Stuttgart 1986.

Forschungsliteratur zur Epoche

Anz, Thomas: Literatur des Expressionismus. Stuttgart/Weimar 2002. (Sammlung Metzler. 329.)
– / Stark, Michael (Hrsg.): Expressionismus. Manifeste und Dokumente zur deutschen Literatur 1910–1920. Stuttgart 1982.
Arnold, Heinz Ludwig (Hrsg.): Lyrik des 20. Jahrhunderts. München 1999.
Asholt, Wolfgang / Fähnders, Walter (Hrsg.): Manifeste und Proklamationen der europäischen Avantgarde (1909–1938). Stuttgart 1995.
Bataille, George: Die psychologische Struktur des Faschismus. Frankfurt a. M. 1978.
Bloch, Ernst: Erbschaft dieser Zeit. Frankfurt a. M. 1973.
Becker, Sabina: Neue Sachlichkeit. 2 Bde. Köln/Weimar/Wien 2000.
Canetti, Elias: Masse und Macht. Frankfurt a. M. 1962.
Denkler, Horst / Prümm, Karl (Hrsg.): Die deutsche Literatur im Dritten Reich. Themen – Traditionen – Wirkungen. Stuttgart 1976.
Emmerich, Wolfgang / Heil, Sabine (Hrsg.): Lyrik des Exils. Stuttgart 2004.
Hoffmann, Daniel: Die Wiederkunft des Heiligen. Literatur und Religion zwischen den Weltkriegen. Paderborn [u. a.] 1998.
Hoffmann, Paul: Symbolismus. München 1987. (UTB 526.)
Kaes, Anton (Hrsg.): Weimarer Republik. Manifeste und Dokumente zur deutschen Literatur 1918–1933. Stuttgart 1983.
Ketelsen, Uwe Karsten: Völkisch-nationale und nationalsozialistische Literatur in Deutschland 1890–1945. Stuttgart 1976.
Kolk, Rainer: Literarische Gruppenbildung. Am Beispiel des George-Kreises 1890–1945. Tübingen 1998. (Communicatio. 17.)
Korte, Hermann: Lyrik des 20. Jahrhunderts (1900–1945). München 2000.

Kreuzer, Helmut: Die Boheme. Beiträge zu ihrer Beschreibung. Stuttgart 1968.

Krohn, Claus-Dieter (Hrsg.): Aspekte der künstlerischen inneren Emigration 1933–1945. München 1994.

Lethen, Helmut: Verhaltenslehren der Kälte. Lebensversuche zwischen den Kriegen. Frankfurt a. M. 1996.

Mix, York-Gothart (Hrsg.): Naturalismus, Fin de Siècle, Expressionismus 1890–1918. München/Wien 2000.

Moll, Michael: Lyrik in einer entmenschlichten Welt. Interpretationsversuche zu deutschsprachigen Gedichten aus nationalsozialistischen Gefängnissen, Ghettos und KZs. Frankfurt a.M. 1988.

Paucker, Henri R. (Hrsg): Die deutsche Literatur in Text und Darstellung. Neue Sachlichkeit, Literatur im Dritten Reich und im Exil. Stuttgart ^{2}1999.

Raulff, Ulrich: Kreis ohne Meister. Stefan Georges Nachleben, München 2009.

Riha, Karl (Hrsg.): Da DADA da war, ist DADA da. Aufsätze und Dokumente. München 1980.

– [u.a.] (Hrsg.): DADA total. Manifeste, Aktionen, Texte, Bilder. Stuttgart 1994.

Schnell, Ralf: Literarische Innere Emigration 1933–1945. Stuttgart 1976.

– Dichtung in finsteren Zeiten. Deutsche Literatur und Faschismus. Reinbek bei Hamburg 1998.

Schmied, Wieland: Neue Sachlichkeit und Magischer Realismus in Deutschland 1918–1933. Hannover 1969.

Schmitt, Hans Jürgen (Hrsg.): Die Expressionismusdebatte. Frankfurt a.M. 1976.

Schreyer, Lothar: Erinnerungen an Sturm und Bauhaus. München 1956.

Thunecke, Jörg (Hrsg.): Deutschsprachige Exillyrik von 1933 bis zur Nachkriegszeit. Amsterdam 1998.

Vietta, Silvio / Kemper, Hans-Georg: Expressionismus. München ^{6}1997. (UTB 362.)

»Wir wissen ja nicht, was gilt«. Interpretationen zur deutschsprachigen Lyrik des 20. Jahrhunderts. Hrsg. von Reiner Marx und Christoph Weiss. St. Ingbert 1993.

Gattungen, Strukturen, Formen

Bauer, Gerhard: Gewissensblitze. Moderne Gedichte als Provokationen. München 1995.

Braak, Ivo: Lyrik des 20. Jahrhunderts vom Expressionismus bis in die neunziger Jahre. Kiel 1975.

Eppelsheimer, Rudolf: Mimesis und imitatio Christi bei Loerke, Däubler, Morgenstern, Hölderlin. Bern 1968.

Geist, Peter: Vom Umgang mit Lyrik der Moderne. Berlin 1992.

Huch, Hans-Günther: Phantasie und Wirklichkeit. Phänomene dichterischer Imagination in der Poesie der Moderne. Gespräche mit Gedichten von Ezra Pound bis Durs Grünbein. Würzburg 2002.

Jantz, Antje: Zur Semantik der modernen Melancholie in der Lyrik des Expressionismus. Heidelberg 1998.

Korte, Hermann: Der Krieg in der Lyrik des Expressionismus. Studien zur Evolution eines literarischen Themas. Bonn 1981.

Lamping, Dieter: Moderne Lyrik. Eine Einführung. Göttingen 1991.

Muranga, Manuel J. K.: Großstadtelend in der deutschen Lyrik zwischen Arno Holz und Johannes R. Becher. Frankfurt a.M. [u.a.] 1987.

Schöne, Albrecht: Über politische Lyrik im 20. Jahrhundert. Göttingen ²1969.

Schultz, Hartwig: Vom Rhythmus der modernen Lyrik. Parallele Versstrukturen bei Holz, George, Rilke, Brecht und den Expressionisten. München 1970.

Siebrasse, Karin: Natur in deutscher Großstadtlyrik aus dem ersten Drittel des 20. Jahrhunderts. Interpretationen mit Hilfe von Kulturphilosophie und Stadtplanung. Hamburg 1991.

Stadler-Altmann, Ulrike: Das Zeitgedicht der Weimarer Republik. Mit einer Quellenbibliographie zur Lyrik im ersten Drittel des 20. Jahrhunderts (1900–1933). Hildesheim [u.a.] 2001.

Wagner-Egelhaaf, Maria: Mystik der Moderne. Die visionäre Ästhetik der deutschen Literatur im 20. Jahrhundert. Stuttgart 1989.

Zu einzelnen Autoren

Johannes R. Becher (1891–1958)

Dwars, Jens-Fietje: Abgrund des Widerspruchs. Das Leben des Johannes R. Becher. Berlin 1998.

Haase, Horst: Johannes R. Becher. Leben und Werk. Berlin 1981.

Haupt, Jürgen: Gottfried Benn, Johannes R. Becher. Hamburg 1994.

Ziemann, Rüdiger: Poetische Gestalt. Studien zum lyrischen Spätwerk Johannes R. Bechers. Frankfurt a. M. [u. a.] 1992.

Gottfried Benn (1886–1956)

Große, Wilhelm: Gottfried Benn. Stuttgart 2002.

Hohmann, Werner L.: Vier Grundthemen der Lyrik Gottfried Benns. Gesehen unter der Wirkung der Philosophie Nietzsches. Essen 1986.

Interpretationen. Gedichte von Gottfried Benn. Hrsg. von Harald Steinhagen. Stuttgart 1997.

Kaiser, Volker: Das Echo jeder Verschattung. Figur und Reflexion bei Rilke, Benn und Celan. Wien 1993.

Lethen, Helmut: Der Sound der Väter. Gottfried Benn und seine Zeit. Berlin 2006.

Raddatz, Fritz J.: Gottfried Benn, Leben – niederer Wahn. Eine Biographie. Berlin 2001.

Campanile, Anna: Die Bewertung von Brechts und Benns Lyrik in der west- und ostdeutschen Rezeption 1945–1968. Ein Vergleich. In: Brecht Yearbook 22 (1997) S. 401–436.

Dautel, Ernst: Etude de l'œuvre lyrique de Gottfried Benn. Démarche scientifique et approches didactiques. Tübingen 2000.

Werner Bergengruen (1892–1964)

Bänziger, Hans: Werner Bergengruen. Weg und Werk. Bern 1983.

Scholz, Ingeborg: Deutsche Lyrik im Spannungsbogen zwischen Kunst und Religion. Werner Bergengruen und Rudolf Alexander Schröder. Bonn 2002.

Rudolf Borchardt (1877–1945)

Kauffmann, Kai (Hrsg.): Dichterische Politik, Studien zu Rudolf Borchardt. Bern [u. a.] 2002.

Osterkamp, Ernst (Hrsg.): Rudolf Borchardt und seine Zeitgenossen. Berlin / New York 1997.

Bertolt Brecht (1898–1956)

Interpretationen. Gedichte von Bertolt Brecht. Hrsg. von Jan Knopf. Stuttgart 1995.

Knopf, Jan: Gelegentlich: Poesie. Ein Essay über die Lyrik Bertolt Brechts. Frankfurt a. M. 1996.

– Brecht-Handbuch. Lyrik, Prosa, Schriften. Eine Ästhetik der Widersprüche. Mit einem Anhang zum Film. Ungekürzte Sonderausgabe. Stuttgart 1996.

Koopmann, Helmut (Hrsg.): Brechts Lyrik. Neue Deutungen. Würzburg 1999.

Müller, Hans-Harald: Brechts frühe Lyrik. Brecht, Gott, die Natur und die Liebe. München 2002.

Müller, Klaus-Detlef (Hrsg.): Bertolt Brecht. Epoche – Werk – Wirkung. München 1985. (Beck'sche Elementarbücher.)

Völker, Klaus: Brecht-Chronik. München 1976.

Georg Britting (1891–1964)

Gajek, Bernhard (Hrsg.): Georg Britting (1891–1964). Vorträge des Regensburger Kolloquiums 1991. Frankfurt a. M. 1993

Max Dauthendey (1867–1918)

Geibig, Gabriele: Der Würzburger Dichter Max Dauthendey (1867–1918). Sein Nachlaß als Spiegel von Leben und Werk. Würzburg 1992.

Osthoff, Daniel: Max Dauthendey. Eine Bibliographie. Würzburg 1991.

Albert Ehrenstein (1886–1950)

Laugwitz, Uwe: Albert Ehrenstein: Studien zu Leben, Werk und Wirkung eines deutsch-jüdischen Schriftstellers. Frankfurt a. M. 1987.

Wallas, Armin A.: Albert Ehrenstein. Mythenzerstörer und Mythenschöpfer. München 1994.

Günter Eich (1907–1972)

Kohlroß, Christian: Theorie des modernen Naturgedichts. Oskar Loerke, Günter Eich, Rolf Dieter Brinkmann. Würzburg 2000.

Neumann, Peter Horst: Die Rettung der Poesie im Unsinn. Der Anarchist Günter Eich. Stuttgart 1981.

Stefan George (1868–1933)

Braungart, Wolfgang: Ästhetischer Katholizismus. Stefan Georges Rituale der Literatur. Tübingen 1997.

– (Hrsg.): Stefan George: Werk und Wirkung seit dem *Siebenten Ring*. Tübingen 2001.

Landmann, Georg Peter (Hrsg.): Der George-Kreis. Köln/Berlin 1965.

Roos, Martin: Stefan Georges Rhetorik der Selbstinszenierung. Düsseldorf 2000.

Usinger, Fritz: Stefan George. Essays. Aachen 1988.

Weber, Frank: Die Bedeutung Nietzsches für Stefan George und seinen Kreis. Frankfurt a. M. 1989.

Walter Hasenclever (1890–1940)

Breuer, Dieter (Hrsg.): Walter Hasenclever 1890–1940. Aachen 1990.

Kasties, Bert: Walter Hasenclever. Eine Biographie der deutschen Moderne. Tübingen 1994.

Albrecht Haushofer (1903–1945)

Haiger, Ernst [u. a.]. Albrecht Haushofer. Ebenhausen 2002.

Georg Heym (1887–1912)

Heitkamp, Helmut: Poesie der Depression. Untersuchungen zur Raum- und Zeitdarstellung Georg Heyms. Frankfurt a. M. [u. a.] 1988.

Korte, Hermann: Georg Heym. Stuttgart 1982.

Schünemann, Peter: Georg Heym. 2., unveränd. Aufl. Berlin 1993.

Jakob van Hoddis (1887–1942)

Bremer, Fritz: In allen Lüften hallt es wie Geschrei. Jakob van Hoddis. Fragmente einer Biographie. Bonn 1996.
Hornbogen, Helmut: Jakob van Hoddis. Die Odyssee eines Verschollenen. München 1986.

Hugo von Hofmannsthal (1874–1929)

Mayer, Mathias: Hugo von Hofmannsthal. Stuttgart/Weimar 1993.
Meyer-Wendt, Hans-Jürgen: Der frühe Hofmannsthal und die Gedankenwelt Nietzsches. Heidelberg 1973.
De Mazza, Ethel Matala: Dichtung als Schau-Spiel. Zur Poetologie des jungen Hugo von Hofmannsthal. Frankfurt a.M. [u.a.] 1995.

Peter Huchel (1903–1981)

Götz, Thomas: Die brüchige Idylle. Peter Huchels Lyrik zwischen Magie und Entzauberung. Frankfurt a.M. [u.a.] 1999.
Peter Huchel. Hrsg. von Axel Vieregg. Frankfurt a.M. 1986.
Peter Huchel. München 2003. (Text + Kritik. 157.)
Kiesant, Kurt (Hrsg.): Die Ordnung der Gewitter. Positionen und Perspektiven in der internationalen Rezeption Peter Huchels. Bern [u.a.] 1999.
Nissjen, Hub: Der heimliche König. Leben und Werk von Peter Huchel. Würzburg 1998.
Siemes, Christof: Das Testament gestürzter Tannen. Das lyrische Werk Peter Huchels. Freiburg i. Br. 1996.
Über Peter Huchel. Hrsg. von Hans Mayer. Frankfurt a.M. 1973.

Erich Kästner (1899–1974)

Doderer, Klaus: Erich Kästner. Lebensphasen, politisches Engagement, literarisches Wirken. Weinheim/München 2002.
Görtz, Franz Josef: Erich Kästner. Eine Biographie. Aktual. Tb.-Ausg. München 2003.
Hanuscheck, Sven: Keiner blickt dir hinter das Gesicht. Das Leben Erich Kästners. München/Wien 1999.

Georg Kaiser (1878–1945)

Arnold, Armin (Hrsg.): Georg Kaiser. Stuttgart 1980.
Pausch, Holger A. (Hrsg.): Georg Kaiser. Eine Aufsatzsammlung. Berlin/Darmstadt 1980.

Erwin Guido Kolbenheyer (1878–1962)

Dimt, Peter: Schlederloher Tagebuch 1946. Ein Jahr mit Erwin Guido Kolbenheyer. Berg 1982.

Elisabeth Langgässer (1899–1950)

Evers, Susanne: Allegorie und Apologie. Die späte Lyrik Elisabeth Langgässers. Frankfurt a. M. [u. a.] 1994.
Gelbin, Cathy: An Indelible Seal: Race, Hybridity and Identity in Elisabeth Langgässer's Writings. Essen 2001.
Hetmann, Frederik: Schlafe, meine Rose. Die Lebensgeschichte der Elisabeth Langgässer. Weinheim 1999.
Hoffmann, Daniel: Die Wiederkunft des Heiligen. Literatur und Religion zwischen den Weltkriegen. Paderborn [u. a.] 1998.

Else Lasker-Schüler (1869–1945)

Bauschinger, Sigrid: Else Lasker-Schüler. Ihr Werk und ihre Zeit. Heidelberg 1980.
Hallensleben, Markus: Else Lasker-Schüler. Avantgardismus und Kunstinszenierung. Tübingen/Basel 2000.
Kraft, Werner (Hrsg.): Else Lasker-Schüler 1869–1945. 3. durchges. und erg. Aufl. Marbach a. N. 1997.

Wilhelm Lehmann (1882–1968)

Goodbody, Axel: Natursprache. Ein dichtungstheoretisches Konzept der Romantik und seine Wiederaufnahme in der modernen Naturlyrik (Novalis – Eichendorff – Lehmann – Eich). Neumünster 1984.

Oskar Loerke (1884–1941)

Kohlroß, Christian: Theorie des modernen Naturgedichts. Oskar Loerke, Günter Eich, Rolf Dieter Brinkmann. Würzburg 2000.
Pieper, Thomas: Überwindung des Welt-Leids. Loerkes Lyrik im

Spannungsfeld zwischen Nietzsche und Schopenhauer. Frankfurt a. M. 1992.
Tghart, Reinhard (Hrsg.): Oskar Loerke. Marbacher Kolloquium 1984. Mainz 1986.

Christian Morgenstern (1871–1914)

Kretschmer, Ernst: Christian Morgenstern. Stuttgart 1985.

Friedrich Nietzsche (1844–1900)

Figal, Günter: Nietzsche. Eine philosophische Einführung. Stuttgart 1999.
Hillebrand, Bruno (Hrsg.): Nietzsche und die deutsche Literatur. München 1978.
Kaufmann, Walter: Nietzsche. Philosoph – Psychologe – Antichrist. 2., durchges. Aufl. Darmstadt 1988.
Ottmann, Henning (Hrsg.): Nietzsche-Handbuch. Stuttgart/Weimar 2000.
Ross, Werner: Der ängstliche Adler. Friedrich Nietzsches Leben. Stuttgart 1980.

Rainer Maria Rilke (1875–1926)

Engel, Manfred: Rainer Maria Rilkes *Duineser Elegien* und die moderne deutsche Lyrik. Zwischen Jahrhundertwende und Avantgarde. Stuttgart 1986.
Hamburger, Käte: Rilke. Eine Einführung. Stuttgart 1976.
Interpretationen. Gedichte von Rainer Maria Rilke. Hrsg. von Wolfram Groddeck. Stuttgart 1999.
Kurz, Martina: Bild-Verdichtungen. Cézannes Realisation als poetisches Prinzip bei Rilke und Handke. Göttingen 2003.
Schnack, Ingeborg (Hrsg.): Rainer Maria Rilke, Leben und Werk im Bild. Frankfurt a. M. 1973.

Joachim Ringelnatz (1883–1934)

Möbus, Frank (Hrsg.): Ringelnatz! Ein Dichter malt seine Welt. Göttingen 2000.
Joachim Ringelnatz. München 2000. (Text + Kritik. 148.)

Gerhard Schumann (1911–1995)

Schöne, Albrecht: Über politische Lyrik im 20. Jahrhundert. Göttingen ²1969.

Kurt Schwitters (1887–1948)

Schmalenbach, Werner: Kurt Schwitters. Köln ²1984.
Winkelmann, Judith: Abstraktion als stilbildendes Prinzip in der Lyrik von Hans Arp und Kurt Schwitters. Frankfurt a. M. [u. a.] 1995.

Georg Trakl (1887–1914)

Buck, Theo: Vorschein der Apokalypse. Das Thema des Ersten Weltkriegs bei Georg Trakl, Robert Musil und Karl Kraus. Tübingen 2001.
Csúri, Károly (Hrsg.): Zyklische Kompositionsformen in Georg Trakls Dichtung. Szegeder Symposion. Tübingen 1996.
Interpretationen. Gedichte von Georg Trakl. Hrsg. von Hans-Georg Kemper. Stuttgart 1999.
Steinkamp, Hildegard: Die Gedichte Georg Trakls. Vom Landschaftscode zur Mythopoesie. Frankfurt a. M. 1988.
Weichselbaum, Hans: Georg Trakl. Eine Biographie mit Bildern, Texten und Dokumenten. Salzburg 1994.
Wetzel, Heinz: Klang und Bild in den Dichtungen Georg Trakls. Göttingen ²1972.

Kurt Tucholsky (1890–1935)

Ackermann, Irmgard (Hrsg.): Tucholsky heute. Rückblick und Ausblick. München 1991.
Bemmann, Helga: Kurt Tucholsky. Ein Lebensbild. Berlin 1990.
Hepp, Michael: Kurt Tucholsky. Biographische Annäherungen. Reinbek bei Hamburg 1993.

Georg von der Vring (1889–1968)

Dasenbrock, Dirk: Georg von der Vring. 1889–1968. Vier Leben in Deutschland. Vechta 1997.

Josef Weinheber (1892–1945)

Berger, Albert: Josef Weinheber (1892–1945). Leben und Werk – Leben im Werk. Salzburg/Wien 1999.

Anthologien

Emmerich, Wolfgang (Hrsg.): Lyrik des Exils. Stuttgart 1985.
Hartung, Harald (Hrsg.): Jahrhundertgedächtnis. Deutsche Lyrik im 20. Jahrhundert. Stuttgart 1999.
Hinck, Walter (Hrsg.): Stationen der deutschen Lyrik. Von Luther bis in die Gegenwart. 100 Gedichte mit Interpretationen. Göttingen 2000.
Kreuzer, Helmut (Hrsg.): Deutsche Gedichte zwischen 1918 und 1933. Stuttgart 1999.
Pinthus, Kurt (Hrsg.): Menschheitsdämmerung. Symphonie jüngster Dichtung. Berlin 1920.
Schlösser, Manfred (Hrsg.): An den Wind geschrieben. Lyrik der Freiheit. Gedichte der Jahre 1933–1945. Berlin 1960.
Wende, Waltraud (Hrsg.): Großstadtlyrik. Stuttgart 1999.
Vietta, Silvio (Hrsg.): Lyrik des Expressionismus. 4., verb. Aufl. Tübingen 1999.

Personenregister

Adorno, Theodor W. 126
Allemann, Beda 26
Alomar, Gabriel 89
Andreas-Salomé, Lou 27
Arp, Hans 87, 90 f.
Ausländer, Rose 124

Baader, Johannes 87
Ball, Hugo 86 f., 91
Barthel, Max 105
Bataille, Georges 111
Becher, Johannes R. 66, 103, 104, 106, 127 f.
Beheim-Schwarzbach, Martin 105
Benn, Gottfried 66, 73–78, 103 f., 106, 107
Bernstein, Eduard 8
Bergson, Henri 8
Binding, Rudolf G. 105
Bloch, Ernst 112
Blunck, Hans Friedrich 108
Borchardt, Rudolf 106 f.
Borchert, Wolfgang 85
Brecht, Bertolt 98–102, 124–129
Brecht, Stefan 125
Breton, André 90
Britting, Georg 115, 119
Brügel, Fritz 124
Burckhardt, Jakob 8

Canetti, Elias 113
Carossa, Hans 105, 108
Celan, Paul 124
Cézanne, Paul 31
Chagall, Marc 81
Chamberlain, Houston Stewart 8
Chaplin, Charlie 126
Claudel, Paul 14
Coblenz, Ida 20

Däubler, Theodor 66
Dauthendey, Max 58 f.
Dehmel, Richard 20, 60 f.
Dilthey, Wilhelm 8
Dix, Otto 76
Döblin, Alfred 126
Domin, Hilde 124

Ehrenstein, Albert 66
Eichendorff, Joseph von 62
Eich, Günter 97, 98, 109
Einstein, Albert 8
Eisler, Hanns 126
Ernst, Max 81
Euringer, Richard 113

Fassbinder, Rainer Werner 85
Feuchtwanger, Lion 126
Fischer, Fritz 8
Frank, Leonhard 126
Freiherr von Münchhausen, Börries 105
Freud, Sigmund 8, 27
Freyer, Hans 108

George, Anna Maria Ottilie 20
George, Stefan 8, 13–25, 46, 52, 60, 61, 72
Gernhardt, Robert 61
Gide, André 14
Ginzkey, Franz Karl 105
Goll, Yvan 66
Graf, Oskar Maria 124
Grimm, Hans 108
Grosz, George 76, 87
Gundolf, Friedrich (eigtl. Gundelfinger) 13, 15

Hamburger, Michael 124
Hart, Heinrich 8
Hart, Julius 8
Hasenclever, Walter 66
Haushofer, Albrecht 119 f.
Hausmann, Raoul 87
Heartfield, John (eigtl. Helmut Herzfeld) 87

Heine, Heinrich 29, 62, 95
Heinicke, Kurt 66
Heliogabal 17
Hellingrath, Norbert von 13
Herder, Johann Gottfried 107
Herrmann-Neiße, Max 124
Heym, Georg 66, 70, 71 f.
Hitler, Adolf 112, 122, 124
Hoddis, Jakob van 6, 67 f., 71, 73
Hofmannsthal, Hugo von 7, 8 f., 10, 15, 17, 46–57, 72, 107, 129
Hölderlin, Friedrich 40
Holz, Arno 8, 72
Horkheimer, Max 126
Huchel, Peter 97 f., 100, 109
Huelsenbeck, Richard 87, 88

Jacobsen, Jens Peter 27
Janko, Marcel 87
Johst, Hanns 108
Jung, Franz 87
Jünger, Ernst 107, 108

Kaiser, Georg 120–123, 124
Kandinsky, Wassily 82
Kantorowicz, Ernst 13
Kasack, Hermann 115
Kästner, Erich 94–96, 101
Kerr, Alfred 124
Klages, Ludwig 13
Klee, Paul 81
Klemm, Wilhelm 66
Klepper, Jochen 109
Klopstock, Friedrich Gottlieb 40
Kluge, Alexander 85
Kokoschka, Oskar 81
Kolbenheyer, Erwin Guido 106, 108
Kommerell, Max 12, 13, 46
Korn, Karl 109
Korsch, Karl 126
Kortner, Fritz 126
Kraft, Werner 124
Kramer, Theodor 124
Kraus, Karl 8, 124

Lang, Fritz 126
Lange, Horst 97
Langgässer, Elisabeth 97, 115
Lasker-Schüler, Else 66 f., 84 f., 124
Le Fort, Gertrud von 105
Lehmann, Wilhelm 115, 116, 118 f.
Leip, Hans 97
Leonhard, Rudolf 67, 124
Lersch, Heinrich 105, 108
Lichtenstein, Alfred 67, 69 f., 71, 73
Liliencron, Detlev von 27, 72
Loos, Adolf 94
Ludwig II. 18
Lukács, Georg 71
Luther, Martin 99

Mallarmé, Stephane 13 f.
Mann, Thomas 126
Marinetti, Filippo Tommaso 89
Maupassant, Guy de 14
Mauthner, Fritz 57
Maximin (eigtl. Max Kronberger) 15 f., 23
Mehring, Walter 96
Menzel, Herybert 111
Miegel, Agnes 119
Moeller van den Bruck, Arthur 108
Morgenstern, Christian 62–65, 91

Nietzsche, Friedrich 9–12, 13, 26, 27, 38 f.

Orlik, Emil 27
Otten, Karl 67
Ouckama, Wera 44

Pechel, Rudolf 109
Pfemfert, Franz 81
Picasso, Pablo 90
Pinthus, Kurt 66 f., 74
Pollock, Friedrich 126

Remarque, Erich Maria 126
Rilke, Rainer Maria 25–46, 59, 72
Ringelnatz, Joachim 96

Rodin, Auguste 31
Roth, Eugen 96
Rubiner, Ludwig 67

Sachs, Nelly 124
Sauer, August 27
Schaefer, Oda 97
Schäfer, Wilhelm 108
Schaper, Edzard 109
Schickele, René 67
Schlaf, Johannes 8
Schlegel, Friedrich 50, 90
Schnog, Karl 124
Schreyer, Lothar 82
Schröder, Rudolf Alexander 105, 109
Schumann, Gerhard 110 f., 112, 113, 114
Schwitters, Kurt 92
Simmel, Georg 8
Sombart, Werner 8
Spengler, Oswald 108
Stadler, Ernst 67
Steiner, Rudolf 8
Stramm, August 67, 8–84, 85, 87
Strauß, Emil 108
Suhrkamp, Peter 109

Thoor, Jesse 124
Thurn und Taxis, Marie von 40
Trakl, Georg 67, 78–81
Tucholsky, Kurt 94, 96, 123
Tzara, Tristan 87

Uljanow, Wladimir Iljitsch (genannt Lenin) 8, 87

Valéry, Paul 14
Verlaine, Paul 14
Vesper, Will 108
Viertel, Berthold 124
Vring, Georg von der 115, 119

Walden, Herwarth 81, 82
Waldinger, Ernst 124
Weber, Max 8
Weigel, Helene 125
Weinert, Erich 124
Weinheber, Josef 105, 106
Weininger, Otto 8
Weiß, Konrad 104 f., 109
Welles, Orson 126
Werfel, Franz 67
Winckler, Josef 105
Wolfenstein, Alfred 67, 124
Wolfskehl, Karl 13

Zech, Paul 67
Zweig, Stefan 61 f.